La marche du disciple

40 leçons bibliques pour les adolescents et les jeunes adultes

VOLUME 3

Adapté du plan annuel de la région d'Afrique. Volume 15 © 2012
Preuve lu par Pierre Ernst Jacques
ISBN 978-1-56344-776-1

IDÉES POUR L'ENSEIGNEMENT DES JEUNES

Il y a deux qualités indispensables pour être un bon enseignant des jeunes à l'école du dimanche: vous devez aimer Dieu et les jeunes. Votre rôle principal est d'aider les étudiants à vivre l'expérience de l'amour de Dieu. Vous pouvez le faire en manifestant votre relation personnelle avec Jésus devant eux et en leur montrant comment développer une relation personnelle avec Dieu.

Si vous suivez déjà les conseils présentés dans la rubrique « Comment préparer une leçon de l'école du dimanche », chaque semaine, alors ceux de la rubrique « Comment présenter une leçon de l'école du dimanche » vous seront également utiles.

COMMENT PRÉPARER UNE LEÇON D'ÉCOLE DU DIMANCHE

Le début de l'année

Au début de cette année, prenez le temps de mettre à votre disposition tout le matériel dont vous aurez besoin pour l'école du dimanche. Placez le tout dans une boîte ou une pochette. Cela vous fera économiser du temps chaque semaine car vous n'aurez pas à chercher partout votre matériel puisque vous saurez où le trouver.

Gardez dans un carnet, les adresses, les dates d'anniversaires, etc. de tous vos élèves.

Lisez brièvement tout le contenu du livret des leçons car cela vous donnera une idée sur les différents thèmes mensuels, une vue globale et une direction. Vous saurez le nombre de leçons qui figure sur chaque thème et éviterez ainsi d'aller trop vite quand vous enseignez.

Les deux heures de préparation hebdomadaire

30 minutes — Lisez la leçon afin de vous familiariser avec son contenu. Le dimanche après-midi de la semaine précédant cette leçon, prenez le temps de l'étudier. Priez et demandez à Dieu de vous donner la sagesse et de vous guider afin que vous puissiez présenter la leçon sous le meilleur angle possible.

10 minutes — Vous aurez toute la semaine pour rassembler vos notes. Pour les besoins de l'école du dimanche, gardez tout le temps avec vous un cahier ou carnet dans lequel vous noterez vos idées.

20 minutes — Lisez le passage biblique 3 ou 4 fois pendant la semaine. Laissez la Parole de Dieu vous transformer pendant la méditation et la lecture de ce passage. La lecture permettra à la vérité que vous voulez enseigner de toucher d'abord votre vie.

50 minutes — Organisez votre leçon. Préparez tout le matériel nécessaire. Relisez vos notes et organisez votre leçon de manière à suivre et enseigner la leçon à votre convenance.

10 minutes — La dernière vérification. C'est la dernière chose à faire le dimanche matin avant de commencer la leçon. Vous devez avoir votre Bible et le matériel au complet. Revoyez le plan et vos notes une dernière fois. Enfin, prenez une minute ou deux pour remettre cette leçon au Seigneur et lui demander de vous utiliser. Vous avez sûrement déjà fait cela plusieurs fois pendant vos moments de dévotion, mais il serait bon de vous soumettre à la volonté de Dieu encore une fois.

Les jeunes devraient être activement impliqués dans l'apprentissage en partageant leurs expériences et sentiments, en découvrant la vérité et en choisissant une activité à laquelle ils peuvent participer en guise de réponse à l'enseignement reçu.

La durée de la leçon doit être soigneusement planifiée et organisée pour vous exercer à la préparation. Nous aimerions suggérer le modèle de base suivant pour le déroulement de vos cours de l'école du dimanche. La durée autorisée pour ce modèle de base est d'une heure (1 heure). Les nombres entre parenthèses sont pour les cours de 45 minutes.

1. Tâchez d'arriver au moins dix minutes à l'avance pour arranger votre classe et mettre le matériel en place.
2. Réservez les **5 premières minutes** pour accueillir vos élèves. Ensuite, commencez par la prière (cela donnera l'occasion aux jeunes de prier à haute voix dans le groupe). Donnez-leur la possibilité de discuter de l'actualité et des évènements de la semaine passée. En étant attentif, vous apprendrez beaucoup de choses sur la vie de ces jeunes. Faites l'appel et collectez les offrandes. Enfin, contrôlez les devoirs et révisez la leçon de la semaine précédente.
3. Pendant les **15 (10) minutes** qui suivent, introduisez la leçon avec la section VIE pour retenir leur attention avant de commencer le sujet de la semaine.
4. Les **20 (15) minutes** suivantes doivent couvrir la section VÉRITÉ. Souvenez-vous que vous ne devez ni PRÊCHER ni LIRE mais seulement enseigner la leçon avec vos propres mots.
5. Les **15 (10) minutes** suivantes doivent être concentrées sur la section ACTION. Aidez les jeunes à comprendre comment appliquer les vérités apprises dans la leçon, dans leur vie de tous les jours.
6. Les **5 dernières minutes** seront consacrées à la prière et au rangement de la classe avant le culte.

Évaluez le succès de votre leçon aussitôt que vous pourrez. Prenez le temps de noter ce qui a marché et ce qui n'a pas marché pour améliorer les prochaines leçons. Faites la même chose à propos des étudiants. Vous devez être toujours attentif à ce que disent vos élèves pendant le cours. Vous pouvez apprendre beaucoup de choses sur leur vie dans leur foyer, par de simples discussions. Vous ne devez jamais oublier qu'à l'école du dimanche, l'enseignement a pour but de favoriser des relations solides avec Dieu et avec les autres chrétiens.

SEPT (7) CLÉS POUR ENSEIGNER LES JEUNES

Clé #1 : Les enseignants (non les livres) sont au cœur d'une éducation chrétienne efficace.

L'enseignement de l'école du dimanche est essentiellement une activité entre les personnes. C'est une rencontre entre Dieu, les étudiants, les enseignants, et un bon enseignant est au centre de cette rencontre. En tant que moniteur, vous êtes plus qu'un porte-parole chargé de délivrer une importante information. Vous avez l'opportunité de participer avec les élèves à une rencontre avec la vérité vivante en Jésus-Christ.

Clé #2 : L'Esprit Saint est l'enseignant ultime.

Aussi bon que l'enseignant puisse être, il fait des erreurs. Heureusement, vous avez toujours un compagnon dans l'enseignement, le Saint Esprit, qui prépare déjà le cœur et l'esprit de vos élèves à recevoir et appliquer la leçon. Il ne doit sûrement pas manquer de moments où vous avez l'impression que tout va mal. Cependant, un élève se souviendra de cette leçon comme le jour décisif de sa vie où il a décidé de suivre Jésus. Qu'est-il arrivé ? L'Esprit Saint était en train d'enseigner malgré vous. Il enseigne aussi à travers vous — mais en fin de compte, c'est toujours le Saint Esprit qui enseigne.

Clé #3 : La vie de l'enseignant parle et ce langage est aussi important que ses paroles.

Ce que le moniteur dit est très important. La vérité et la sagesse méritent d'être bien proclamées. Toutefois, c'est par l'harmonie entre vos paroles et vos actes visibles dans une vie d'intégrité que les jeunes intègrent vraiment la vérité de vos paroles. Votre but doit être d'avoir avec vos élèves une relation à travers laquelle ils peuvent observer et expérimenter une certaine harmonie entre votre vie et la vérité que vous enseignez.

Clé #4 : Une bonne préparation est obligatoire !

L'efficacité ne peut être assurée qu'avec une préparation soigneuse de chaque leçon même si vous enseignez depuis plusieurs années. Une préparation efficace assure la direction, la discipline et la destination. Chaque leçon a un message ou thème central — une direction. Si vous n'intégrez pas ce thème central dans vos pensées et méditations, vous vous égarerez dans d'autres choses et oublierez que vous êtes réunis pour enseigner une vérité importante et pas seulement pour avoir du bon temps.

La discipline ne consiste pas simplement à maintenir l'ordre, mais aussi à maintenir tout le monde concentré sur le thème ou le message central. Si vous n'êtes pas préparés, les activités seront incomplètes, les transitions entre les idées et les activités seront maladroites et le matériel inadéquat. Il s'en suivra fort probablement que vous perdrez votre classe en faveur de quelqu'un d'autre qui ne saura pas forcément enseigner aussi bien que vous.

Habituellement, l'application de la vérité est l'étape finale de la leçon, appelée la destination. Ce n'est pas assez de parler de la vérité, nous devons la pratiquer (1 Jean 3.18). Cependant, si vous ne contrôlez pas le temps de la leçon, il est probable que vous n'arriverez pas du tout à la tâche cruciale de l'application. Trop souvent, la partie la plus importante de la leçon n'est jamais enseignée ! Pourquoi ? Le temps qui reste ne suffit pas. La solution réside dans une bonne préparation.

Clé #5 : Le seul contenu de la leçon ne suffit pas pour attirer et retenir l'intérêt pendant l'enseignement.

Si votre classe est comme la plupart des classes de jeunes c'est-à-dire que la majorité ne vient pas en classe simplement à cause de la vérité que vous allez leur enseigner, beaucoup viendront parce qu'ils aiment être avec leurs amis. Les uns viendront parce que leurs parents insistent, les autres encore viendront parce qu'ils veulent de l'attention, un mot d'encouragement, d'autres viennent parce que c'est l'endroit le plus sécurisant qu'ils connaissent. Il y a autant de raisons différentes que de jeunes dans votre classe. Votre responsabilité est de créer un climat physique, émotionnel et spirituel dans lequel ils se sentent à l'aise, acceptés, valorisés, et stimulés. Ce genre d'environnement ne se crée pas de lui-même. Il demande un effort intentionnel.

Clé #6 : Une importante et constante concentration sur la Bible est la condition clé pour une réelle croissance spirituelle.

La Bible doit être au centre de toute éducation chrétienne, particulièrement de l'École du dimanche. Votre responsabilité première en tant qu'enseignant est d'encourager une sérieuse prise en compte de la vérité de Dieu révélée dans les Écritures. Quoique vous fassiez, vous ne pourrez contourner la Bible, si du moins vous souhaitez que vos étudiants mûrissent spirituellement.

Clé #7 : La croissance spirituelle est plus une question de transformation que d'information.

Savoir quelque chose ne veut pas dire le faire. La croissance spirituelle est plus que découvrir la vérité — c'est connaître Celui qui est la vérité et être transformé par cette expérience. C'est tout ce qui touche à la mort et à la résurrection de Jésus. Il est mort et ressuscité afin que nos péchés soient pardonnés et lavés, que les relations brisées soient restaurées, que nos habitudes charnelles soient remplacées par la discipline spirituelle, que les circonstances dramatiques soient remplacées par une paix divine, que ceux qui sont spirituellement morts renaissent. Vous devez croire et prier pour que chacun de vos élèves soit transformé de cette façon. Quand cela arrive, c'est qu'un enseignement réel a eu lieu !

(Extrait de « Seven Convictions for Teaching Youth » [« Sept convictions sur l'enseignement des jeunes] écrit par Ed Robinson.)

THÈME 1: PRENDRE LE TEMPS DE PRIER
LEÇON 1

Comment nous devons prier

OBJECTIF
À la fin de cette leçon, l'étudiant(e) …

… apprendra à prier.
… désirera développer une habitude de la prière continue.

PASSAGE BIBLIQUE
Matthieu 6.5-15

VERSET À MÉMORISER
Luc 11.1

« Seigneur, enseigne-nous à prier. »

NOTES ADDITIONNELLES
Les choses qui bloquent la prière (Matthieu 6.5-8)

- Prier sans vraiment penser les choses que nous disons (v.5). Si nous agissons comme si nous prions vraiment, alors que nous faisons seulement semblant, c'est que nous sommes hypocrites. Dieu voit le cœur et il sait si nous prions vraiment..
- Prier pour que les autres voient que nous prions (v.5). Il est bon de se tenir dans l'église et de prier; mais si notre intention est uniquement d'impressionner les autres pour qu'ils pensent que nous sommes saints, la prière n'aucune utilité.
- Prier pour que les autres nous voient (v.5). La rue signifie n'importe quel endroit en dehors de l'église. Par exemple, certaines personnes prient avant de manger ou quand leurs familles peuvent les voir. Mais, elles ne prient pas en secret. Quand nous prions dans le seul but de nous faire remarquer par les autres, nos prières ne valent rien.
- Répéter inutilement n'importe quelle partie de la prière (v.7) alors que nous ne le pensons pas vraiment, comme le nom de Dieu ou de Jésus.

INTRODUCTION
Un homme instruit disait: « la meilleure chose qu'un homme peut faire pour son semblable est de lui apprendre à penser ». Mais le chrétien dit: « la meilleure chose qu'un chrétien peut faire pour un autre chrétien est de lui apprendre à prier ». Ce n'est pas facile de prier tous les jours. Mais, une fois que nous aurons développé l'habitude de prier chaque jour, nous verrons et apprécierons les résultats.

Les disciples réalisèrent leur besoin de prier et demandèrent à Jésus de leur apprendre à prier. Il leur enseigna le Notre Père.

L'église a besoin de gens qui prient. Jamais nous ne connaîtrons vraiment Dieu si nous ne lui parlons pas régulièrement. Dieu ne verse pas ses bénédictions sur ceux qui s'approchent de lui selon leur bon plaisir. La communion continuelle avec Dieu est le secret pour le connaître vraiment.

Nous devons avoir un lieu régulier où prier. Si quelqu'un a l'habitude de prier, il deviendra une meilleure personne.

EXPLICATION DES PASSAGES BIBLIQUES

Jean le Baptiste et d'autres chefs religieux enseignaient à leurs disciples à prier; pour cette raison, les disciples de Jésus voulaient apprendre à prier. Ils lui demandèrent: « Seigneur, enseigne-nous à prier » (Luc 11.1).

Pourquoi la prière est-elle une nécessité ?

La prière est très importante. Nous devons prier chaque jour et pour tous les sujets. Certains pensent qu'on ne peut prier qu'à l'église ou à la maison, mais on peut prier n'importe quand et n'importe où même pendant qu'on est occupé à autre chose.

Comment devons-nous prier ? (Matthieu 6.5-6)

Jésus nous a enseigné comment prier. Il a dit que nous ne devons pas prier pour impressionner les autres, mais plutôt prier Dieu dans un lieu solitaire. Son exemple concernant la prière montre que nous devons prier en utilisant des mots simples de tous les jours, précis et directs comme un enfant qui parle à son père. Nous devons faire confiance à Dieu comme un enfant fait confiance à son père. Nous devons prier le Père au nom de Jésus.

Comment terminer nos prières ? (Matthieu 6.13; Jean 14.13)

Le Notre Père se termine comme suit: « Car c'est à toi qu'appartiennent, dans tous les siècles, le règne, la puissance et la gloire. » (v. 13). Cette partie ne se trouve pas dans les manuscrits grecs du Nouveau Testament. Ainsi, elle ne se trouve pas dans les récentes traductions de la Bible. Mais les paroles sont belles.

Cette prière ne se termine pas par: « Au nom de Jésus » parce que Jésus a fait lui-même cette prière. Mais il a bien dit de demander en son nom: « Tout ce que vous demanderez en mon nom » (Jean 14.13).

Lorsque nous disons « Amen » nous disons en fait « Que cela soit fait ».

Quand devons-nous prier ?

Nous devons souvent prier notre Père qui est aux cieux. Les chrétiens doivent prier quand ils se lèvent le matin et au moment de se coucher; pendant les repas; lorsque nous sommes tristes, découragés, tentés ou seuls; et n'importe quand lorsque nous sentons le besoin de parler à Dieu.

APPLICATION

Répondez à ces questions, évaluez vos prières à la lumière des réponses et dites comment vous pouvez les améliorer.

> ### *Comment prient les hypocrites ? Comment prient les païens ? Comment doivent prier les chrétiens ?*

IDÉES PRATIQUES

Mémorisez le Notre Père. Si vous le connaissez déjà méditez le dans la prière pour en comprendre si possible chaque partie. Fais-en la prière.

En utilisant la liste ci-dessus, décidez de ce que vous ferez cette semaine pour améliorer vos prières.

THÈME 1: PRENDRE LE TEMPS DE PRIER
LEÇON 2

La vraie prière

OBJECTIF
À la fin de cette leçon, l'étudiant(e) …

… apprendra que nous avons une grande source de puissance dans la prière.
… découvrira le secret de la varie prière.
… encouragera à prier avec honnêteté et foi.

PASSAGE BIBLIQUE
Luc 18.1-14

AUTRE RÉFÉRENCE
1 Samuel 2.2-10

VERSET À MÉMORISER
Job 16.17

   « Et ma prière fut toujours pure. »

INTRODUCTION
Il arrive parfois que nous n'ayons pas envie de prier. Quelles peuvent en être les causes ? Discutez cette question avec la classe.

Certains disent que Dieu donne les réponses suivantes aux prières faites: « oui », « non », « attends », ou « je te donne simplement la paix ». Discutez.

Les disciples étaient avec Jésus, et ils le voyaient prier. Ils le voyaient escalader des montagnes pour trouver un lieu tranquille pour prier. Ils savaient qu'il passait des nuits entières à prier son Père. Ils le voyaient prier au milieu des plus grandes difficultés de sa vie. Ils voyaient aussi tout ce qu'il œuvrait après qu'il finissait de prier.

Jésus leur avait déjà appris à prier. Mais, il ne suffit pas de prier le Notre Père par cœur. Maintenant, Jésus leur raconte deux paraboles pour leur apprendre quelques secrets sur la prière.

EXPLICATION DES PASSAGES BIBLIQUES
Le secret de la prière est donné seulement à celui qui prie.

La meilleure façon d'apprendre à prier c'est de commencer par prier. Quiconque peut changer le cours de la nature ou de l'histoire par la puissance de la prière.

Des grandes possibilités comme celles-ci devraient nous encourager à commencer à prier. Un grand nombre de personnes essaient de trouver des instructions particulières pour s'initier à la prière. D'autres répètent souvent certaines prières. Pourtant, le secret de la prière se trouve dans la foi des honnêtes gens. Ces gens ne semblent pas différents à l'extérieur, mais ils croissent spirituellement et ont une grande influence sur la vie des gens pour lesquels ils prient.

Jacques 5.17-18 nous dit que le ministère de la prière puissante est disponible pour quiconque. Alors, comment faut-il prier ?

Nous devons persévérer dans la prière (Luc 18.1-8)

Qu'est-ce que ceci signifie ? Ceci signifie prier sans se décourager et sans abandonner.

Nous devons prier et persister, comme la veuve de la parabole, pour recevoir la réponse de Dieu. La réponse à la prière n'est pas toujours immédiate. Souvent elle peut prendre des mois, voire des années ! Parfois, on se lasse d'attendre. Nous pensons que Dieu ne répondra pas à nos prières. Mais, nous devons nous armer de courage. Le Seigneur entend notre prière. Peut-être qu'il nous teste pour voir si nous allons continuer ou abandonner. Nous devons continuer de prier jusqu'à ce que nous obtenions une réponse.

Nous devons prier avec foi

Une femme a entendu lors d'un sermon à l'église que si nous avons la foi, nous pourrons déplacer une montagne. Il y avait une montagne près de sa maison qui l'empêchait de voir la mer. Elle décida de prier durant la nuit. Le jour suivant, très tôt le matin, elle s'approcha de sa fenêtre. Elle vit que la montagne était toujours là. Elle se dit : « Je savais très bien que la montagne ne bougerait pas de cet endroit là-bas ! »

La même chose nous arrive, lorsque nous demandons quelque chose au Seigneur et « sachant déjà » qu'il n'exaucera pas notre prière ! C'est la prière faite sans la foi. Lorsque nous prions, nous devons faire confiance à Dieu pour n'importe quoi. Nous devons croire qu'il est capable de subvenir à nos besoins selon sa volonté. Seule la prière faite avec foi trouve une réponse comme dans le cas du Pharisien et du publicain.

Nous devons prier avec sincérité (Luc 18.9-14)

Les hypocrites sont des gens qui veulent que les autres pensent d'eux ce qu'ils ne sont pas. Entre les deux hommes qui ont prié dans le temple, qui était l'hypocrite ? Lorsque nous sommes devant Dieu en prière, il peut voir ce qui est caché au plus profond de notre cœur et de notre vie. Si nous faisons semblant d'être ce que nous ne sommes pas, Dieu le voit immédiatement. Il connaît toutes choses. Il n'accepte pas qu'on le trompe. Le publicain était un homme honnête. Jésus a raconté la parabole pour nous montrer que Dieu sait si nous prions avec sincérité, ou si nous faisons semblant, pour tromper ceux qui nous observent.

APPLICATION

Évaluez vos prières.

- Quelle place occupe la prière dans ta vie ?
- Quelles sont les conditions que tu dois remplir pour que tes prières soient acceptables pour le Seigneur ?
- Est-il nécessaire d'utiliser certains mots ou de prier d'une certaine façon pendant la prière ? De quelle façon cette question affecte-t-elle tes prières ?

IDÉES PRATIQUES

Pendant la semaine qui vient, concentrez-vous sur vos prières pour voir si vos prières sont sincères, remplies de foi et persévérantes. Demandez au Saint-Esprit de vous aider à améliorer vos prières pour la gloire de Dieu.

THÈME 1 : PRENDRE LE TEMPS DE PRIER
LEÇON 3

La prière de Jésus

OBJECTIF
À la fin de cette leçon, l'étudiant(e) …

… comprendra pourquoi Dieu s'est fait homme en Jésus-Christ.
… appréciera la prière de Christ pour l'unité des croyants.
… recherchera l'unité avec d'autres croyants, malgré les différences.

PASSAGE BIBLIQUE
Jean 17

AUTRES RÉFÉRENCES
Philippiens 2.5-11

VERSET À MÉMORISER
1 Jean 2.1-2

« Mes petits enfants, je vous écris ces choses, afin que vous ne péchiez point. Et si quelqu'un a péché, nous avons un avocat auprès du Père, Jésus Christ le juste. Il est lui-même une victime expiatoire pour nos péchés, non seulement pour les nôtres, mais aussi pour ceux du monde entier. »

INTRODUCTION
Comment te sentirais-tu si quelqu'un venait te proposer de prier pour toi ? Que se passerait-il, si cette personne est un individu respecté — un saint, un leader dans l'église ou la communauté, etc. ? Sur quoi vont-ils appuyer leur attention pendant cette prière ? Combien de temps demeurent-ils sous l'impact de cette prière ? Laissez les étudiants discuter de ces questions. Notez particulièrement les gestes exprimant les sentiments qui ne peuvent être traduites en paroles.

Jésus a prié pour nous ! La leçon du jour est basée sur la prière de Jésus pour ses disciples et pour nous, en Jean 17.

EXPLICATION DES PASSAGES BIBLIQUES

Il a prié qu'ils aient la vie éternelle (Jean 17.1-5)
Cette prière nous dit que Jésus s'est fait homme dans le but de nous donner la « vie éternelle » (vv. 2 à 3). Le terme vie éternelle se réfère au salut. L'œuvre de Jésus: prendre la condition humaine, pour prêcher, enseigner et guérir et révéler ainsi le Père — allait s'accomplir avec la crucifixion et la résurrection. Il vécut sur la terre comme un serviteur, en prenant la condition d'un homme, supportant les moqueries et en prenant sur lui nos péchés. Dans cette prière, Jésus savait qu'une grande partie de son travail est accomplie. Il demanda au Père de lui redonner la même gloire qu'il avait auprès de lui avant la fondation du monde. Dieu entendit la prière de son fils: Jésus est maintenant assis à la droite du Père, comme roi et notre aauveur ! Lui et le Père sont un, l'unité parfaite. Le chrétien doit imiter cette même unité qui existe entre Jésus et le Père.

Il a prié pour la protection de ses disciples (17.6-19)

Il a prié pour les disciples qui ont marché avec lui durant les trois années de son ministère terrestre. Ils comprirent que Jésus était le Fils de Dieu (v. 7). Il pria que le Père les gardât du mal qui est dans le monde, pendant qu'ils accompliraient son œuvre. Il pria qu'ils soient unis dans l'amour de Dieu parce qu'ils avaient besoin de cette force pour faire face au monde et à ses persécutions. Il a aussi prié pour qu'ils soient entièrement consacrés. Nous serons « protèges du mal » tant que nous resterons unis à Jésus. Nous serons perdus si nous ne sommes pas unis à lui.

Il a prié pour les croyants de tous les temps (17.20-26)

Il a prié pour ceux qui forment l'église de Jésus Christ: tous ceux qui croient en lui comme leur Seigneur et Sauveur. Tous les disciples actuels de Jésus appelés « chrétiens », doivent être unis « en Christ ». Grace à cette unité, le monde « saura que c'est toi qui m'a envoyé » (21). Les chrétiens doivent être un comme Jésus est un avec le Père et comme Christ est un avec son Église.

Pour être unis les uns avec les autres, nous devons être d'abord unis à Dieu.

En tant que chrétiens, nous devons accepter nos différences d'opinions sur les choses de moindre importance et de nous unir autour de l'essentiel qui touche la foi chrétienne comme:

- Nous avons été rachetés par la mort et la résurrection de Christ (Romains 4.25);
- Nous devons être baptisés, malgré que nous ne sommes pas d'accord sur la méthode et le moment (enfants ou adultes);
- Nous devons participer à la sainte cène.

Les croyants doivent éviter les divisions dans l'église. Ils doivent plutôt se respecter les uns les autres en tenant compte des différences qui les séparent. Jésus a prié qu'ils soient « tous » un.

APPLICATION

Jésus a prié pour nous. Et si Dieu exauce nos prières, a combien plus forte raison celles de Jésus ? Il a prié que vous obteniez la vie éternelle, que Dieu vous protège du mal et que vous jouissiez de l'unité dont lui et le Père jouissent avec les autres croyants. Voulez-vous coopérer avec Dieu et lui permettre de répondre à la prière de Jésus pour vous ? Donnez aux étudiants le temps de prier selon qu'ils seront conduits par le Saint-Esprit.

IDÉES PRATIQUES

Durant la semaine notez des exemples où Dieu vous a protégé du mal. Notez autant que possible de détails, afin de pouvoir partager avec les autres.

Comment l'unité que Jésus a demandée dans sa prière peut-elle être effective dans notre monde ? Suggérez des choses que les chrétiens peuvent faire incluant ce qui arrive déjà. Mettez-vous d'accord sur une chose que vous ferez de manière soutenue durant la semaine, en tant que classe.

THÈME 1 : PRENDRE LE TEMPS DE PRIER
LEÇON 4

La prière c'est la puissance

OBJECTIF
À la fin de cette leçon, l'étudiant(e) …

… identifiera le conflit entre Dieu et Satan.
… saura l'importance de la prière pour recevoir la victoire de Dieu.
… encouragera la prière comme discipline spirituelle.

PASSAGE BIBLIQUE
Daniel 9.4-23

AUTRES RÉFÉRENCES
Daniel, chapitres 9 à 11

VERSET À MÉMORISER
Éphésiens 6.12

« Car nous n'avons pas à lutter contre la chair et le sang, mais contre les dominations, contre les autorités, contre les princes de ce monde de ténèbres, contre les esprits méchants dans les lieux célestes ».

NOTES ADDITIONNELLES
Daniel était un homme de prière. Sa vie personnelle, comme l'indique le livre qui porte son nom, nous fournit beaucoup de matériel pour faire un manuel de prière. Il mentionne l'union dans la prière (chapitre 2); la prière en privé (chapitre 6); la prière pour les autres (chapitre 9); la prière persévérante et la réponse à la prière (10.12-14); et le prix de la prière (10.15-17). Ézéchiel 14.14-20 appelle Daniel un des trois grands hommes de Dieu, de la même façon que Jérémie a appelé Moïse et Samuel au chapitre 15.1 de son livre.

INTRODUCTION
Avec qui le chrétien combat-il ? Quand Jésus a commandé que nous aimions notre prochain comme nous-mêmes, le mot « prochain » impliquait nos ennemis. Alors contre qui devons-nous combattre ? Nous ne devons jamais combattre notre « prochain », mais nous combattons réellement contre cela qui fait que nos prochains et nous-mêmes inclus, nous agissons comme des rebelles contre Dieu.

EXPLICATION DES PASSAGES BIBLIQUES
À l'âge de 16 ans Daniel fut emmené de Jérusalem en captivité à Babylone. Il resta fidèle à Dieu par la prière et la foi (chapitre 1). Babylone n'avait pas captivé son cœur, mais Jérusalem, la cité sainte, si Daniel ouvrit sa fenêtre en direction de Jérusalem, et pria avec assurance. À Babylone, il était connu comme un homme de prière dont le thème favori était « Il y a dans les cieux un Dieu » (2.28).

Dans la première moitié de son livre, aux chapitres 7 à 12, et spécialement aux chapitres 9 à 12, nous voyons un homme qui se préoccupe pour son peuple. Il pria sans cesse jusqu'à ce que la réponse arrive.

1. Le jeune Daniel

Daniel était un descendant de la famille royale de David. Quand il était encore très jeune, il fut emmené en captivité à Babylone. À Babylone, il vécut dans le palais du roi, ainsi que trois autres jeunes, Hananiah, Mishael, et Azariah. Ils reçurent des noms babyloniens: Belteshazzar, Shadrack, Meshach et Abednego (Daniel 1.7).

2. La bataille de Babylone

On avait enseigné à ces quatre jeunes juifs à croire au vrai Dieu unique. Ils ne pouvaient pas accepter la religion et les coutumes païennes de Babylone. La foi et le caractère de ces jeunes furent bientôt mis à l'épreuve. Ils surent qu'ils devaient manger à la table du roi; la nourriture sacrifiée aux idoles et boire le vin du roi païen. Daniel décida immédiatement qu'il ne mangerait rien qui soit contraire à l'enseignement qu'il avait reçu. C'est ainsi que Satan travaille dans la vie de ceux qui veulent être fidèles à Dieu.

Il cause des problèmes entre les chrétiens et les puissances qui les entourent. Parfois, le combat est rude et les chrétiens succombent à la puissance du mal. Mais grâces soient rendues à Dieu qui nous donne la force de vaincre les forces du mal, comme Daniel et ses trois amis! Le chrétien n'est jamais seul: le Seigneur Tout-Puissant est avec lui.

La prière de Daniel pour son peuple (Daniel 9.4-23). Daniel était déjà un vieil homme de 70 ans. Il était un prophète de Dieu réputé sur cette terre païenne. En ce temps-là, il pria Dieu pour son peuple qui était toujours en captivité à Babylone. Il avait compris que le temps de la captivité se terminerait bientôt, parce qu'il connaissait la prophétie de Jérémie 25.12 et 29.10. Il pria Dieu, en confessant le péché de son peuple et en implorant la miséricorde de Jéhovah (lire verset 19). Le Seigneur entendit et exauça sa prière.

3. Quels étaient la force et le secret de Daniel?

La prière était le secret et la force de Daniel. Il priait trois fois par jour. Il se tournait vers Jérusalem devant la fenêtre de sa chambre dans le palais royal, sa terre où il avait appris à aimer, adorer et espérer en Dieu (Daniel 6.10).

La prière est la nourriture spirituelle du croyant: elle fortifie le cœur et nous donne de l'espoir en passant par la confiance que nous mettons dans le Seigneur. La prière nous libère de peurs et des doutes; elle nous donne la force de vaincre les tentations et le courage de faire face au malin.

APPLICATION

La vie spirituelle est comme un jardin où les fleurs de la grâce se développent. Plus tard ces fleurs deviennent le Fruit de l'Esprit. Nous devons surveiller ce jardin de sorte que l'ennemi n'y entre pas. Souvent, l'ennemi entre dans les congrégations et détruit les brebis imprudents ou les divise, en leur faisant croire des mensonges, des choses qui sonnent comme la vérité. Nous devons être conscients du conflit entre Dieu et Satan, mais nous devons également savoir utiliser l'armure chrétienne pour arrêter les flèches enflammées de Satan. Laissons Dieu nous aider dans nos faiblesses pour combattre les forces du mal avec le feu divin. L'arme la plus puissante de chaque chrétien est la prière. Utilisons-la toujours comme une puissante pratique spirituelle.

IDÉES PRATIQUES

Soyez déterminés dans votre cœur à être une personne de prière. Fixez des buts et des espoirs réalistes et donnez-vous les possibilités de grandir. Liez des relations d'amitié avec des chrétiens matures, qui ont une vie de prière pour apprendre d'eux et avec eux comment tenir vos engagements. Programmez des rappels pour les périodes où vous désirez prier jusqu'à ce que vous développiez l'habitude. Réjouissez-vous de chaque étape franchie avec succès indépendamment de son importance. Surveillez votre croissance.

THÈME 1 : PRENDRE LE TEMPS DE PRIER
LEÇON 5
Le pouvoir de la prière faite avec foi

OBJECTIF
À la fin de cette leçon, l'étudiant(e)…

… identifiera que Dieu a participé à l'histoire.
… appréciera notre communion avec Dieu par la prière et la foi.
… acceptera le risque du leadership spirituel.

PASSAGE BIBLIQUES
1 Rois 18.36-40

AUTRES RÉFÉRENCES
1 Rois 18; Jacques 5.16-20

VERSET À MÉMORISER
Jacques 5.16*b*

« La prière fervente du juste à une grande efficace. »

INTRODUCTION

L'apôtre Jacques nous dit que la prière du juste à une grande efficacité. Les gens veulent savoir si la prière fonctionne toujours, si les résultats valent le temps investi dans la prière. Croyants, croyons-nous vraiment en la puissance de la prière ? Jacques nous rappelle l'histoire d'Elie dans 1 Rois 18. Aujourd'hui, nous avons besoin d'hommes et de femmes qui prient et croient justement comme Elie.

EXPLICATION DES PASSAGES BIBLIQUES

1. Elie, homme et prophète

Elie, le prophète de Dieu, est considéré comme l'un des grands hommes en Israël. Il fut un homme de prière. Il pria beaucoup, même avant que Dieu ne l'appela à être un leader spirituel. Il croyait fermement en Dieu, même lorsque le peuple commença à adorer les faux Dieux des païens. Il lutta contre les fausses religions qu'un mauvais roi avait introduites parmi un peuple qui devait adorer seulement Jéhovah. Le feu du Seigneur brûlait dans son cœur. Au-dedans de lui, le désir de faire la volonté de Dieu le brûlait.

Il fut appelé par Dieu pour délivrer son message au peuple. Il le fit avec courage; sans crainte des méchants rois.

2. Le roi Achab

Un méchant roi gouvernait la nation et incitait le peuple à commettre le plus grand des péchés contre Dieu: adorer de faux Dieux. Ce roi, Achab, avait épousé une païenne nommée Jézabel, qui était aussi très méchante. Tous les deux, ils adoraient et forçaient le peuple à adorer Baal, le faux Dieu. Ceux qui croyaient au vrai Dieu, Jéhovah, étaient persécutés. Elie ne s'était jamais soumis au roi Achab, ni à Jézabel, sa femme, il préférait obéir à la volonté de Dieu. Il savait que le Seigneur était avec lui.

3. Test sur le Mont Carmel

C'était le rendez-vous des puissances. D'un côté, il y avait le roi Achab et Jézabel, avec les 50 prophètes de Baal et Astaroth; de l'autre, seulement Elie ! seulement Elie ? Non, il avait Dieu avec lui. Nous disons: de l'autre côté, il y avait Dieu et Elie ! Il défia Achab et Jézabel, les prophètes de Baal et même le peuple, en leur disant d'observer qui était le vrai Dieu: Baal ou Jéhovah. Le Dieu qui répondrait par le feu, celui-là sera le vrai Seigneur !

4. « C'est l'Éternel qui est Dieu ! »

Elie avait une grande foi en Dieu ! Il n'avait pas peur lorsqu'il était seul au milieu du peuple qui adoraient des idoles et entre les mains du roi qui pouvait facilement ordonner sa mise à mort ! Quand les prophètes de Baal se lassèrent d'invoquer leurs dieux sans aucun résultat, le temps arriva pour le prophète de Dieu d'agir. La première chose qu'il fit fut de bâtir l'autel de Dieu qui était en ruine, preuve de l'idolâtrie qui dominait parmi le peuple. Ensuite, il pria avec foi. La puissance de sa foi apporta la réponse: un feu venant du ciel tomba sur l'autel et consuma tout. Et la foule qui était dans l'étonnement devant un si grand miracle dit: « C'est l'Éternel qui est Dieu ! ».

Nous avons un grand Dieu extraordinaire, qui répond avec puissance lorsque nous prions avec foi. Faisons confiance en notre Dieu et pratiquons notre foi chaque jour.

APPLICATION

Aujourd'hui, nous avons besoin d'hommes et de femmes qui prient et croient justement comme Elie. C'est un privilège de prier les uns pour les autres ! Nous aurons moins de problèmes (même dans l'église) si nous passions plus de temps à prier qu'à se critiquer les uns les autres (spécialement ceux qui sont en position d'autorité) ! L'endroit où nous travaillons pourrait être différent si nous prions pour les personnes avec qui nous travaillons. Chrétiens, prions plus et critiquons moins.

IDÉES PRATIQUES

Il faut pratiquer la foi pour qu'elle soit visible. Pratique ta foi ou à l'exemple des disciples pries que le Seigneur augmente ta foi, ou comme l'homme mentionné dans l'évangile de Marc 9.14-30, exclame-toi: « Je crois ! viens au secours de mon incrédulité ! »

THÈME 1 : PRENDRE LE TEMPS DE PRIER
LEÇON 6
Dieu nous guide à travers la prière

OBJECTIF
À la fin de cette leçon, l'étudiant(e) …

- … réalisera et appréciera la puissance des prières des autres pour nous.
- … verra la direction de Dieu dans les vies comment Dieu dirige sa vie à travers la prière de Saul et Ananias.
- … verra comment il peut être utile à Dieu et au monde.
- … désirera la direction de Dieu dans sa propre vie pour participer à l'agrandissement de son Royaume.

PASSAGES BIBLIQUES
Actes 9.1-24; 22.6-16; 26.12-18

AUTRES RÉFÉRENCES
Actes 22.1-16; 26.12-23; Ésaïe 6.1-8

VERSET À MÉMORISER
Actes 26.17*b*-18

> « …*Vers qui je t'envoie, afin que tu leur ouvres les yeux, pour qu'ils passent des ténèbres à la lumière et de la puissance de Satan à Dieu, pour qu'ils reçoivent, par la foi en moi, le pardon des péchés et l'héritage avec les sanctifiés.* »

INTRODUCTION
Notre leçon d'aujourd'hui parle d'une rencontre importante, la rencontre de Saul de Tarse avec le Seigneur Jésus-Christ.

Les événements de la conversion de Saul furent extraordinaires, mais ils nous prouvent que Dieu dirige les pas et les vies de ceux qui veulent lui obéir. Nous devons obéir à Dieu justement comme Saul a obéi à Dieu. Dieu a prévu que son Saint-Esprit guiderait ses enfants. Dieu répond à nos prières selon sa sagesse et le plan qu'il a pour nous. Justement, il ne nous donne pas toujours ce que nous demandons. Chaque chrétien doit savoir que Dieu l'entend quand il prie. Nous devons prier pour chercher la volonté de Dieu pour nos vies. Nous devons implorer la grâce de Dieu. Lorsque nous le faisons, nous le proclamons Seigneur de nos vies. Dans cette leçon, nous étudierons le témoignage de l'Apôtre Paul au sujet de sa conversion. L'expérience de ce serviteur pouvait être la nôtre aussi.

EXPLICATION DES PASSAGES BIBLIQUES

1. Dieu appelle (Actes 9.1-6)
Saul fut un homme très religieux. Il fut présent lorsqu'Etienne a été tué. Il crut qu'il suivait la volonté de Dieu. Dieu connaissait le désir de Paul; c'était de lui obéir, quoique que son idée de l'obéissance fût fausse. La preuve de cette vérité est la réponse toute faite de Saul: « Qui es-tu Seigneur ? » tant de fois, une personne qui a faim du Seigneur, fera des choses étranges. En tant que chrétiens, nous devons essayer de reconnaître cette vérité chez ceux qui ne sont pas sauvés. Nombres de gens cherchent Dieu à travers des

formes variées de religions, de cultes, de sorcellerie, etc. Demandons à Dieu que son Esprit guide ces personnes sur la vraie voie, leur donne le désir de vivre pour Jésus. Tout ce que Saul savait, c'était que c'est le Seigneur Jésus qui lui parlait. Dieu veut que nous disions « Oui ! » et que nous marchions dans la lumière de la connaissance que nous recevons. Notre première obéissance ouvrira les portes, afin que nous recevions un plus de lumière.

Dieu parla clairement. Il parla avec Saul d'une voix audible. La plupart d'entre nous n'entendent pas Dieu d'une manière audible; mais dans notre être intérieur, nous l'entendons qui nous parle. Et il parle aussi clairement que si nous l'entendions avec nos oreilles. L'Esprit de Dieu est fidèle pour mettre son message dans nos cœurs.

2. Dieu désire notre Obéissance (Actes 9.17-19)

La conversion de Saul et la réponse d'Ananias forment une histoire d'obéissance. Saul devint une importante personne dans l'Église primitive. Seul Jésus avait eu une position plus importante que lui. Lorsque nous cherchons par la prière la direction de Dieu, Dieu joint notre expérience d'obéissance avec d'autres, afin que toute l'église travaille ensemble. L'Esprit de Dieu nous aidera à demeurer fidèles dans notre marche à entreprendre, en tant qu'individu.

Ananias douta-t-il lorsque Dieu l'envoya rendre visite à Saul ? Devait-il désobéir ? Devait-il être honnête et montrer ses peurs ? Il y a des temps où Dieu veut que nous lui confions nos peurs. Dieu fut patient en expliquant à Ananias ce qu'il voulait. Dès qu'il comprit ce que Dieu voulait, Ananias n'hésita pas ! On se souviendra toujours de lui comme un modèle d'obéissance: il sut que Dieu le guidait. Lorsque nous recherchons la direction de Dieu par la prière, nous obéissons à Dieu. Nous trouvons ce type d'obéissance chez les personnes sanctifiées. Lorsque le cœur est libéré de tout péché, nous désirons faire la volonté de Dieu, et à ce moment-là, nous sommes capables d'agir dans une obéissance totale à l'Esprit.

Lorsqu'Ananias imposa les mains à Saul, il vit les yeux du futur Apôtre ouverts sur la vérité. Saul fut baptisé et commença son service pour le Seigneur. Dieu le guida premièrement par la prière; mais il nous guidera jusqu'au bout, lorsque nous continuerons de chercher et d'obéir à la volonté de Dieu dans chaque domaine de notre vie.

APPLICATION

Le Seigneur apparut à Ananias, un serviteur fidèle et obéissant, et lui donna l'ordre d'aller et de prier avec Saul, afin qu'il recouvrit la vue. Ananias fut effrayé. Le Seigneur tranquillisa son serviteur. Il lui révéla son plan pour Saul (9 15). Saul obéit à ce plan de Dieu pour lui. Le reste de sa vie, il le passa à servir Dieu et à louer le nom de Dieu, et à prêcher le message de l'évangile de Jésus Christ. Dieu cherche toujours des hommes, des femmes et de jeunes gens disposés à se consacrer totalement à Dieu. Le voulez-vous ?

IDÉES PRATIQUES

Pensez à Saul et à Ananias. Énumérez les raisons qu'ils auraient pu donner pour ne pas obéir à Dieu. Quelles raisons peuvent avoir les disciples d'aujourd'hui ? Quelles raisons peuvent vous empêcher d'obéir comme Paul et Ananias l'ont fait ? Pendant la semaine, prenez un temps pour prier pour ce sujet.

THÈME 1 : PRENDRE LE TEMPS DE PRIER
LEÇON 7

Dieu écoute les prières

OBJECTIF
À la fin de cette leçon, l'étudiant(e) …

… comprendra la nature du réveil.
… réalisera quel réveil conviendra à l'église.
… sentira le fardeau de la prière pour le réveil de l'église.

PASSAGE BIBLIQUE
Habacuc 3.2-19

AUTRES RÉFÉRENCES
Psaumes 85.1-13; Habacuc 2.1-20

VERSET À MÉMORISER
Psaumes 85.6

« *Ne nous rendras-tu pas à la vie, afin que ton peuple se réjouisse en toi ?* »

NOTES ADDITIONNELLES
L'accent est mis sur le Seigneur ramenant son peuple à la vie parce que seul Dieu peut ranimer les cœurs affligés et les espoirs brisés de son peuple.

INTRODUCTION
Dieu agit différemment de nous pour accomplir ses desseins.

Le prophète Habacuc se sentait concerné par ce qui se passait en Israël. C'était des temps comme les nôtres. La leçon nous montre que Dieu a écouté la prière de Habacuc en des temps difficiles. De même, il entend encore aujourd'hui nos prières.

EXPLICATION DES PASSAGES BIBLIQUES

1. L'époque d'Habacuc

Israël souffrait de beaucoup de maux. Chacun maltraitait son frère. L'oppression, la violence, le péché et l'idolâtrie étaient présents. Le prophète de Dieu avait beaucoup de travail à faire. De nos jours, nous n'avons pas assez d'hommes et de femme courageux pour s'opposer au mal dans le monde. Nous avons besoin de parler aux hommes du plan de Dieu pour le salut. Si Dieu vous appelait, seriez-vous disposé à annoncer son message ?

Le pasteur et l'évangéliste d'aujourd'hui sont comme le prophète. Ils nous encouragent à chercher le renouvellement spirituel. L'invitation à prier à l'autel rappelle aux gens leurs échecs, anxiétés, et péché qui doivent être confessés à Dieu. L'autel devient un lieu de miséricorde. Les enfants, les jeunes et les adultes trouvent un lieu d'adoration, de repentance, de pardon et de renouvellement spirituel à l'autel.

2. Habacuc, l'homme

Nous savons peu de choses sur Habacuc. Ce que nous savons à son sujet, c'est que c'était un homme d'une grande foi, un leader spirituel, un prophète de Dieu. Il annonça avec courage le message que Dieu lui avait donné. Il se donna entièrement au ministère auquel Dieu l'avait appelé. Il n'eut pas peur quand Dieu l'envoya. Pensez-vous que les leaders spirituels du passé étaient des gens spéciaux ? Avaient-ils des pouvoirs magiques ? Non ! Mais, ils étaient cent pour cent consacrés à Dieu. Ils obéissaient à la voix de Dieu. Aujourd'hui, nous cherchons des excuses quand Dieu nous appelle. Nous disons: « Plus tard..., Je n'ai pas le temps ..., Je ne suis pas préparé ... , Je suis très occupé ... , etc. Dieu revient toujours plus tard, et à la fin de nos projets et de notre vie. Que Dieu nous aide à répondre: « Me voici, Seigneur, envoie-moi ! »

3. La prière d'Habacuc

« Pourquoi Dieu laisse les méchants continuer de faire le mal sans les châtier ? » demanda le prophète. « Jusqu'à quand le Seigneur tolérera-t-il pareilles méchanceté et injustice ? » cria Habacuc devant le Seigneur. C'était comme si Dieu ignorait le péché. Cependant, cette pensée est fausse. Dieu le Créateur contrôle toujours le monde et les évènements de l'histoire humaine. Il n'a pas abandonné sa création. C'est alors qu'Habacuc cria les paroles au chapitre 3.2.

4. La réponse de Dieu

Dieu répondit à la prière d'Habacuc: il envoya le châtiment au temps arrêté. Habacuc apprit à mettre sa confiance en Dieu, même dans les moments difficiles. Dieu répond à nos prières, mais souvent, si la réponse n'est pas « non », il nous dit d'attendre ou simplement il nous donne sa paix.

APPLICATION

Partout dans le monde, il y a des guerres entre nations, il y a la violence, le sang versé, et l'inflation économique qui laissent des milliers de personnes dans le chômage et l'insécurité. Le jugement divin semble très proche. Peut- être, Dieu veut nous avertir que nous devons nous préparer à sa venue, examiner nos cœurs, prier pour le réveil et reconnaître que le renouvellement spirituel ne vient que de sa miséricorde. La prière de réveil cherche le renouvellement spirituel et la consécration du croyant.

C'est seulement par la miséricorde divine que nous sommes gardés des conséquences du péché. Acceptons la responsabilité de prier pour le réveil et de nous consacrer à Dieu.

IDÉES PRATIQUES

L'espoir pour le réveil est la miséricorde divine. Dans nos prières pour le réveil, nous ne devons pas demander à Dieu d'annuler le jugement contre nos péchés, mais nous devons plaider pour sa miséricorde et sa grâce. Nous entendons toujours les pleurs de réveil parmi le peuple de Dieu. Il y a des temps dans la vie de l'église où nos cœurs pleurent pour le réveil. Nous recevons des bénédictions spirituelles qui supportent le niveau spirituel pendant un temps; mais, nous devons véritablement aller encore de l'avant sinon nous régresserons. Chaque église doit prier pour le réveil. La miséricorde et la grâce sont disponibles pour tous ceux qui cherchent la face du Seigneur ! Rejoignez ceux qui prient pour le réveil ou commencez à prier et invitez d'autres à se joindre à vous.

THÈME 1 : PRENDRE LE TEMPS DE PRIER
LEÇON 8
Les bénédictions dans la bible

OBJECTIF
À la fin de cette leçon, l'étudiant(e) …

- … mémorisera les bénédictions dans la leçon.
- … sera encouragé par la force spirituelle qu'elle nous donne.
- … nous encouragera à les utiliser dans le culte d'adoration à la maison ou à l'église.

PASSAGE BIBLIQUE
Daniel 9.1-23; 10.11-14, 15-17; 6.19-24; Matthieu 26.36-46

AUTRES RÉFÉRENCES
Nombres 6.22-27; Romains 11.33-36; 16.25-27; 2 Corinthiens 13.14; Éphésiens 3.20-21; 2 Thessaloniciens 2.16-17; 2 Timothée 2.8; Philémon 25; Hébreux 13.20-21; Jude 24-25

VERSET À MÉMORISER
Nombres 6.24-25

« Que l'Éternel te bénisse, et qu'il te garde ! Que l'Éternel fasse luire sa face sur toi, et qu'il t'accorde sa grâce ! Que l'Éternel tourne sa face vers toi, et qu'il te donne la paix ! »

NOTES ADDITIONNELLES

Qu'est-ce qu'une bénédiction n'est pas

Ce n'est pas une salutation qui est plus qu'une louange à Dieu et qui peut être comprise comme une prière comme par exemple: Éphésiens 3.20 - 21; 1 Pierre 1.3; Jude 24.

Ce n'est pas une prière. Nos prières peuvent être une bénédiction pour les autres. Ils peuvent demander la bénédiction de Dieu sur d'autres. Ils peuvent bénir au nom du Seigneur, mais ce ne sont pas des bénédictions, comme les bénédictions de la Bible. La prière va du bas vers le haut, c'est l'homme qui communique avec Dieu. La bénédiction vient du haut vers le bas, c'est Dieu qui communique avec l'homme.

Ce n'est pas une finalité - la bénédiction n'est pas la finalité: elle relie l'adoration au culte.

C'est Dieu qui dit: « Allez, servez en mon nom - je vous accorde ceci par la grâce ! » Quand la bénédiction est laissée de côté, quelque chose manque dans notre service.

INTRODUCTION

Généralement, la Bible entière est une bénédiction parce qu'elle communique la bénédiction de Dieu à la race humaine. La plus grande bénédiction qu'on peut recevoir est la voie vers le ciel et Wesley a dit: « Dieu l'a écrit dans un Livre. » La Bible est la bénédiction des bénédictions. Dans chaque partie de la bible nous entendons Dieu bénir son peuple.

Peut-être, tu te demandes: Qu'est-ce qu'une bénédiction ? La bénédiction est une action de Dieu dans laquelle il offre sa grâce, son amour et sa présence à tous ceux qui ouvrent leur cœur à lui. C'est pour tous ceux qui par la louange, la prière, et l'adoration sont prêts pour la recevoir. Dans la bénédiction, c'est Dieu qui agit. Quand le leader prononce la bénédiction pendant le culte public, il agit au nom de Dieu; mais quand il bénit Dieu pendant le culte, le leader agit pour l'assemblée. La bénédiction est la couronne de Dieu sur notre adoration en son nom (Habacuc 2.20).

La bénédiction c'est Dieu qui bénit les personnes, et non les choses. Les « choses » peuvent être bénies dans le sens d'être mises à part pour l'usage de Dieu. De cette façon c'est comme si on les consacrait (un livre, etc.) au service exclusif de Dieu. Cependant, seuls les gens peuvent recevoir la grâce, l'inspiration et la promesse de Dieu. Vu que seul Dieu peut nous bénir, la bénédiction est de Dieu et elle vient de Dieu sur toute la congrégation.

Aujourd'hui, nous étudierons quelques bénédictions que Dieu nous a accordées dans sa parole.

1. Nombres 6.22-27

Cela est connu comme étant la bénédiction des sacrificateurs. Il a été donné pour les prêtres, par Dieu dans le temple, ou le rabbin dans la synagogue, pour bénir le peuple d'Israël.

« Que l'Éternel te bénisse et te garde. » Chaque fois que nous répétons ces paroles à quelqu'un, nous sommes en train de demander à Dieu de le faire prospérer en tout et de le garder à chaque pas qu'il fait.

« Que l'Éternel fasse briller sa face sur toi. » Nous voulons que Dieu illumine leurs pensées et leurs sentiments, afin qu'ils pensent, sentent et agissent en accord avec la volonté de Dieu; et que la miséricorde divine repose continuellement sur eux.

« Que l'Éternel lève sa face vers toi et te donne la paix. » Nous demandons à Dieu de leur donner la lumière du salut qui apporte la paix de la part de Dieu.

2. Romains 11:33-36

Ce passage raconte les secrets de Dieu en relation avec son plan du salut pour l'homme. L'Apôtre Paul nous rappelle que Dieu est infini, et nous ne sommes pas capables de comprendre la pensée de Dieu. Nous devons accepter par la foi les choses qui dépassent notre compréhension.

3. Romains 16.25-27

Le secret de Dieu était ceci: il a planifié d'inclure les païens dans le plan du salut. Ils recevront le salut par la foi en Jésus Christ et non en obéissant à la loi donnée à Moise. Les résultats de ce plan du salut donnent la gloire éternelle à Dieu. Le mot « Amen » signifie « Qu'il en soit ainsi ».

4. Jude 24-25

L'Apôtre Jude dédie cette bénédiction à tous les croyants du monde entier. Jude nous dit que Jésus est puissant pour nous « préserver de toute chute et nous faire paraître devant sa gloire, irréprochables ». Pour cela, nous devons donner toute honneur et louange « à l'unique Dieu qui possède la sagesse notre Sauveur ».

APPLICATION

Quel est le rôle du pasteur lorsqu'il répète une bénédiction ? Dans ces bénédictions, les promesses de Dieu à son peuple, ses soins, sa paix, son amour et sa faveur, sa puissance protectrice; sa provision pour nos besoins et son intention de nous guider à travers le territoire de l'ennemi. C'est Dieu qui nous bénit. Son serviteur, le pasteur demande l'amour, la faveur et la bénédiction de Dieu sur son peuple.

IDÉES PRATIQUES

Mémorisez ces bénédictions. Elles vous aideront dans votre croissance spirituelle.

THÈME 2: JÉSUS, LE ROI MESSIE
LEÇON 9
Description du Roi Messie

OBJECTIF
À la fin de cette leçon, l'étudiant(e) sera exposé aux prophéties sur Jésus Christ, le Messie, rapportées par Matthieu.

PASSAGE BIBLIQUE
Matthieu 12.15-21; 13.34-35; 21.1-5

AUTRES RÉFÉRENCES
Ésaïe 52.7-15; Ésaïe 9.1-7; Ésaïe 53.1-6; Actes 2.22-36; Philippiens 2.5-11; Zacharie 9.9-14; Psaumes 118.19-26

VERSET À MÉMORISER
Matthieu 26.56

« Mais tout cela est arrivé afin que les écrits des prophètes fussent accomplis. »

NOTES ADDITIONNELLES
Insistez sur le verset à mémoriser.

Matthieu a choisi trois parties différentes de la vie de Jésus pour insister sur l'accomplissement des prophéties au sujet du Messie par Jésus.

- Jésus est présenté comme Seigneur et Sauveur des Juifs et des païens; le serviteur choisi par Dieu pour accomplir un travail spécial, celui de racheter le pécheur.
- Jésus a accompli tout ce qui a été prédit au sujet du Messie. Il a révélé par des paraboles les secrets du Père.
- Jésus a agi comme le Messie, accomplissant les prophéties, lorsqu'il entrait triomphalement dans Jérusalem comme roi.

INTRODUCTION
L'Évangile de Matthieu est le premier livre du Nouveau Testament. Il est comme un pont, unissant les deux Testaments. Matthieu a écrit son Évangile pour les Juifs. Pour cette raison, il a essayé de montrer le lien entre Jésus et les prophéties — ce Jésus était l'accomplissement des prophéties de l'Ancien Testament au sujet du Messie. Ainsi, il a employé de nombreuses citations de l'Ancien Testament dans son livre.

EXPLICATION DES PASSAGES BIBLIQUES

Jésus Christ sert en tant que Messie (Matthieu 12.15-21)
Le verset 14 nous dit que les Pharisiens étaient en colère parce que Jésus avait guéri un homme le jour du Sabbat. Ils firent un complot pour le tuer. Mais, le Seigneur n'était pas prêt de se faire arrêter. Il devait poursuivre sa mission. Jésus ne put éviter la multitude qui le suivait, mais il les avertit de ne rien dire au sujet de ses miracles. Le Christ ne voulut pas être connu non pour les miracles qu'il faisait, mais il voulait être connu pour ce qu'il était: le Rédempteur et le Sauveur du monde.

Christ parle comme le Messie (Matthieu 13.34-35)

Le Seigneur est venu pour révéler les secrets de Dieu ? Le Père céleste ne veut rien cacher à l'homme, mais sa rébellion l'empêche de connaître la vérité. L'homme a continué de demeurer dans les ténèbres de l'ignorance et du péché. Cependant, aucun homme ne devrait rester dans les ténèbres parce que Jésus est la lumière du monde. « Alors vous connaîtrez la vérité, et la vérité vous affranchira » (Jean 8.32).

Christ agit comme le Messie (Matthieu 21.1-5)

Le Christ envoya ses disciples pour préparer son entrée triomphale dans Jérusalem. Son entrée proclamait qu'il était le Messie. Jésus choisit d'entrer dans Jérusalem monté sur un animal qui symbolise la paix, parce qu'il est le Prince de la Paix. Les gens chantèrent Hosanna au Fils de David, roi d'Israël. Jésus dit : « Tout cela est arrivé afin que les écrits des prophètes fussent accomplis. » (26.56).

Qui dites-vous qu'il est ?

Un jour, Jésus a demandé à ses disciples : « Et vous, qui dites-vous que je suis ? » Matthieu a écrit qu'il est le Messie promis. Pierre a dit qu'il est le Fils du Dieu vivant (Matthieu 16.16). Et vous, que dites-vous ? Savez-vous qu'il est Dieu ; la Parole faite chair, le Rédempteur promis, votre Sauveur ?

APPLICATION

Deux athées et le Fils de Dieu - pendant un voyage en train, deux athées parlaient de la vie de Jésus. L'écrivain disait que la vie de Jésus était intéressante et il pourrait écrire un livre sur lui. Après la discussion, il fut convenu que l'écrivain devait se mettre au travail, mais il devait écrire un livre qui démontrerait seulement que Jésus était un homme et non pas le Fils de Dieu. Le livre fut écrit. L'écrivain était le Général Lew Wallace. L'ouvrage fut le célèbre roman de Ben-Hur. Toutefois, il arriva que pendant que l'auteur étudiait et rassemblait le matériel pour écrire le livre, il devint de plus en plus convaincu que Jésus était le Fils de Dieu. Avant de finir son fameux livre, il admit : « Vraiment, cet homme est le Fils de Dieu ». Que dites-vous ?

IDÉES PRATIQUES

Systématiquement et dans la prière, étudiez ces passages de la Bible pour découvrir qui est Jésus pour toi même.

THÈME 2: JÉSUS, LE ROI MESSIE
LEÇON 10

Êtes-vous prêt ?

OBJECTIF
À la fin de cette leçon, l'étudiant(e) …

… verra l'importance de la seconde venue de Christ.

… réalisera le besoin d'être préparé pour le dernier jour.

PASSAGE BIBLIQUE
Matthieu 24.36-51

AUTRES RÉFÉRENCES
Matthieu 24.1-51

VERSET À MÉMORISER
Matthieu 24.42

NOTES ADDITIONNELLES
Décrivez les événements du retour de Jésus. Ainsi, vous susciterez un impact dans l'esprit et le cœur des élèves. Ensuite, posez cette soudaine question: « Êtes-vous prêt pour rencontrer le Christ ? »

Certainement nous savons que le Sauveur vient. Nous ne savons pas quand et nous ne devrions pas perdre du temps à essayer de deviner quand il vient. L'essentiel est que nous soyons prêts, que nous vivions dans la justice et la sainteté.

Lorsque Jésus reviendra, les pécheurs seront jugés et châtiés à cause de leur rébellion. Veillons pour ne pas tomber en tentation. Luttons pour obtenir la couronne de vie.

INTRODUCTION
Aux chapitres 24 et 25 Jésus parle de trois thèmes:

1) la destruction de Jérusalem,
2) l'avènement du Christ et
3) la fin du monde. Jésus avertit chacun pour qu'il se prépare à ces événements.

Il y a quatre avertissements pour lesquels il faut être prêt: versets 36, 42, 44 et 46.

EXPLICATION DES PASSAGES BIBLIQUES

La venue du Fils de l'homme

- Nous ne savons pas 'heure. Seul Dieu sait quand Jésus reviendra.
- Les gens se conduiront comme aux temps de Noé. Quoique le message de l'Évangile soit proclamé dans le monde entier, beaucoup de gens continuent à ignorer la vérité.
- L'événement sera soudain. Dieu donne assez de temps pour la repentance. Si nous acceptons le Christ, il sera notre salut maintenant et pour toujours.

- Ce jour-là, Dieu prendra seulement ceux qui se sont préparés à sa rencontre. Il connaît les secrets de nos cœurs; nous ne pouvons pas le tromper.

La voie que nous devons suivre

Notre vie doit toujours être une préparation à la venue du Seigneur. Le Seigneur nous avertit de demeurer fidèles et sages. Il récompensera les efforts et la fidélité de ses disciples.

Récompenses et châtiments

Le désastre vient sur ceux qui pensent qu'ils ont encore le temps et n'ont pas besoin de préparation maintenant.

Ceux qui ont déjà entendu la parole ont une responsabilité devant Dieu. Nous devons être fidèles et annoncer la Bonne Nouvelle. Nous devons être fidèles et vivre selon cette même Parole. Les infidèles et les hypocrites seront jugés: « Il y aura des pleurs et des grincements de dents » (24.51). Êtes-vous prêt pour la venue du Seigneur ? Nous ne savons pas le jour, ni l'heure. Donnez votre cœur à Jésus et surveillez le retour du Roi des rois avec joie.

APPLICATION

De quelle façon vous vous préparez ? Pensez-y pendant que vous lisez ce poème

La seconde venue

Quand Christ reviendra, nous ne le savons pas — Matthieu 24.36
Cela arrivera, et bientôt, nous croyons — Actes 1.11
Tous ceux qui ont cette glorieuse espérance — Tite 2.13
Se purifient eux-mêmes, parce que c'est la foi — 1 Jean 3.3
Qu'arrivera-t-il ? — Matthieu 25.19-21

Quiconque croira entendra:

Voici ta lumière; Ésaïe 60.19-20
Entre maintenant dans la joie.
Un temps d'affliction viendra: pour ceux qui hériteront des ténèbres — Jude 13
Ils se rappelleront toujours
Qu'ils ont perdu le Pain de Vie — Jean 6.48-51

Eudo T. Almeida

IDÉES PRATIQUES

Jésus viendra certainement car il l'a promis. Mais nous ne savons pas quand. La parole de Dieu est suffisante pour maintenir notre espoir. Et rien ne peut ôter cet espoir en nous. Plutôt que de chercher à connaître la date et à interpréter les signes, soyons attentifs à l'avertissement de Jésus en Matthieu 24.42-44, Marc 13.33 and Luc 21.34. Mémorisez ces passages, énumérez les actions mentionnées et faites-en des habitudes.

THÈME 2 : JÉSUS, LE ROI MESSIE
LEÇON 11

Le grand jugement

OBJECTIF
À la fin de cette leçon, l'étudiant(e) …

… sera convaincu par les paraboles de la leçon que personne ne peut échapper au jugement final.

… réalisera que par le Christ nous pouvons avoir la vie éternelle.

PASSAGE BIBLIQUE
Matthieu 25.31-46

AUTRES RÉFÉRENCES
Matthieu 7.21-23; Luc 12.32-34; Jean 21.15- 19; Jacques 2.14-26

VERSET À MÉMORISER
Matthieu 25.40

« Je vous le dis en vérité, toutes les fois que vous avez fait ces choses à l'un de ces plus petits de mes frères, c'est à moi que vous les avez faites. »

INTRODUCTION
Dans la leçon d'aujourd'hui, nous étudierons le prochain jugement et l'importance d'être préparé. Lors de sa première venue, le Seigneur Jésus est venu comme Sauveur pour libérer l'homme de la condamnation du péché. Lors de sa seconde venue, il viendra en tant que juge. Il jugera l'homme selon qu'il a accepté ou rejeté le Fils de Dieu. Les bonnes œuvres ne nous garantissent pas le salut; mais ils prouvent que nous sommes des chrétiens.

EXPLICATION DES PASSAGES BIBLIQUES

Tous seront jugés
Que nous le voulions ou pas, tous doivent comparaître devant Dieu pour le jugement final. Jésus, qui est le juge, détient l'autorité et la majesté. Jésus est également présenté comme le Roi d'un royaume juste. Toutes les nations du monde seront jugées devant Dieu. Chaque personne s'expliquera sur sa propre vie. Ceux qui sont morts sans Christ seront jugés plus tard.

« C'est à moi que vous les avez faites » (Matthieu 25.40)
La parabole des Dix Vierges présente le thème principal de cette leçon: les péchés d'omission et leurs résultats. Le serviteur inutile, dans la parabole des Talents, sera « jeté dans les ténèbres du dehors où il y aura des pleurs et des grincements de dents » (25.30).

Les péchés d'omission rapportés dans les versets 41-46 font partie des enseignements les plus importants de Jésus. Nous voyons que les bienheureux (les justes) n'ont pas été récompensés parce qu'ils ont travaillé pour recevoir une récompense de Dieu. Ils sont récompensés parce qu'ils ont un cœur purifié et prêt à obéir à Dieu.

La révélation est étonnante: les grandes actions n'ouvrent pas les portes du ciel et ne nous donnent pas la vie éternelle. Mais, si nous négligeons d'aider « les plus petits », nous recevrons la condamnation des « boucs ». Si nous négligeons les besoins sociaux et spirituels des gens autour de nous, nous choisissons notre propre futur éternel.

APPLICATION

Le thème de la leçon n'est pas très intéressant pour des jeunes; faites très attention dans l'application simple de ces vérités éternelles. Le jugement final est un événement certain et personne n'y échappera. Mais nous pouvons échapper au châtiment éternel, si nous avons accepté le Christ comme notre Sauveur. Après l'avoir accepté, nous devons vivre une vie pure, marcher dans sa présence et nous consacrer au service chrétien.

IDÉES PRATIQUES

« Chaque mardi matin, j'ai une étude biblique dans la prison avec environ deux douzaines de prisonniers. Nous étudions l'Évangile de Marc. Servir dans une prison m'a donné l'occasion de connaître de nouvelles personnes de tous, âges et types. Toutefois, au-delà de cela, c'est une porte ouverte pour témoigner du Christ. Nous nous réunissons à neuf heures et nous commençons par la prière. Ensuite, nous étudions la bible, verset par verset.

Il y a une discussion entre l'enseignant et les élèves. À la fin, nous prions pendant 15 minutes. Quelques prisonniers ne sont pas réguliers, mais d'autres sont toujours présents avec leurs bible dans les mains. Ils posent des questions et essaient d'apprendre ce que la Bible dit.

Je n'oublierai jamais un certain homme âgé de 31 ans. Il avait commis un meurtre à l'âge de 17 ans. Il avait fait 14 ans de prison auparavant. Un jour il assista au culte dans la chapelle, dans le but de causer des ennuis. Mais, Dieu agit et il resta tranquille dans sa chaise. Il ne rouspéta pas comme d'habitude, il sentit plutôt que quelque chose d'étrange se passait en lui ». (Ministère parmi les prisonniers; J Grant Swank).

En bref, c'est que cet homme fut sauvé, sanctifié et appelé dans le ministère. Il épousa une jeune croyante et sortit de prison. Ensemble, ils servirent le Seigneur comme pasteurs.

« Le Seigneur a gagné ce couple. Ils aiment le Sauveur et s'aiment l'un l'autre. Je suis reconnaissant pour leur amitié et pour le privilège d'amener ce prisonnier à Christ. Je remercie Dieu d'ouvrir la porte pour le ministère dans les prisons. Est-il possible que Dieu ouvre également une porte pour vous dans votre communauté ? S'il le fait, entrez par cette porte. Il y a beaucoup de personnes qui ont encore besoin d'entendre l'Évangile ».

Assurez-vous que vous avez accepté le Christ, que vous vivez pour lui, que vous le cherchez et que vous saisissez les opportunités de le servir dans l'église et dans la communauté. Ainsi, vous ne craindrez pas le jugement à venir.

THÈME 2: JÉSUS, LE ROI MESSIE
LEÇON 12

Les dernières prières de Jésus

OBJECTIF
À la fin de cette leçon, l'étudiant(e) …

… Identifiera la dépendance de Jésus envers le Père.

… Appréciera le conflit de Jésus concernant la crucifixion.

… Réalisera que la première victoire de Jésus sur le péché et Satan, il l'a obtenue par la prière.

… Désirera suivre son exemple en faisant la volonté du Père.

PASSAGES BIBLIQUES
Matthieu 26.39-42; Marc 15.34; Luc 23.34, 46; Jean 19.28, 30; Colossiens 2.9-15

AUTRES RÉFÉRENCES
Colossiens 1.14, 20; Matthieu 7.21-23; Hébreux 5.7

VERSET À MÉMORISER
Matthieu 16.24

« *Si quelqu'un veut venir après moi, qu'il renonce à lui-même, qu'il se charge de sa croix, et qu'il me suive.* »

NOTES ADDITIONNELLES
Les trois premiers passages bibliques sont les prières de Jésus dans le jardin de Gethsémané et sa crucifixion. Le quatrième passage biblique contient une prière indiquant qu'il est homme et Dieu.

INTRODUCTION
Demandez aux étudiants, s'il y a quelque chose qu'ils aimeraient vraiment avoir, ou faire comme par exemple des vêtements griffés, un sport, de l'argent, un ami, etc. qu'est-ce que ça serait. Que feraient-ils pour l'obtenir ? Posez des questions pour les inciter à dire l'ultime prix qu'ils sont disposés à payer pour avoir ou faire cette chose.

Jésus a aussi eu quelque chose — quelqu'un avec qui il a vraiment voulu avoir une relation. Et, il a payé le prix fort pour avoir cette relation. Une étude des dernières prières de Jésus nous aidera à comprendre son amour pour nous et sa soumission à Dieu, même en passant par Gethsémané, sa souffrance et sa mort au calvaire.

EXPLICATION DES PASSAGES BIBLIQUES
Divisez la classe en groupes. Faites-leur lire les passages choisis ensuite demandez-leur ce que ces passages représentent pour eux.

La prière de Gethsémané (Matthieu 26.39-42)
Jésus était seul. Ses disciples dormaient. Il pria parce qu'il savait que sa crucifixion était imminente. Il demanda à Dieu: « S'il est possible que cette coupe s'éloigne de moi. » *Cette coupe* représente la colère et le jugement de Dieu sur le mal (Psaumes 2:16; 75.8; Ésaïe 51.17; Jérémie 25.15). Au calvaire, la coupe de la colère de Dieu doit être vidée par le Fils de Dieu lui-même. Jésus sut qu'il devait accepter cette coupe

représentant la colère de Dieu. C'est pourquoi il pria. Mais, il ajouta également: « Toutefois, non pas ce que je veux, mais ce que tu veux ».

L'amour de Jésus était très grand. Il était consentant pour mourir comme un pécheur, afin que sa mort apportât le salut ! En réalité, il disait au Père: « S'il n'est pas possible de racheter l'homme déchu sans mourir pour eux, alors je suis prêt et consentant pour mourir sur la croix ! »

Le Vendredi saint (Marc 15.34)

Dans ce verset, Jésus a pleuré devant le Père, parce qu'il s'est senti abandonné et seul. Il pendait sur la croix. Dieu le Père n'avait pas abandonné son Fils bien-aimé, mais il était nécessaire que Jésus souffrît pour nous ! Avez-vous imaginé sa souffrance ? Il a souffert afin que chacun d'entre nous ne souffrit ce châtiment.

Dans cette prière, le Fils de Dieu s'est identifié à nous lorsque nous traversons la vallée de la mort et de la souffrance. Le cri de Jésus homme est le même que celui du monde enterré dans les ténèbres.

La crucifixion (Luc 23.34)

Jésus, crucifié entre deux voleurs a souffert physiquement. Toutefois, il pria le Père pour qu'il pardonne à ceux qui l'ont accusé et cloué sur la croix ! Il n'a pas haï ceux qui l'avaient condamné à la mort.

Le salut est accompli ! (Jean 19.28-30)

La phrase « Tout est accompli ! » signifie que le plan de Dieu pour le salut du monde était accompli à la mort de Jésus sur la croix du calvaire. Il avait accompli le but de Dieu, le plan qui existait depuis la fondation du monde. Il avait rempli toutes les conditions de la loi sacrificielle. Maintenant, la voie vers Dieu était ouverte par le moyen de son sang versé sur la croix. Jésus avait accompli la mission que le Père lui avait confiée; mourir sur la croix pour nous donner la vie.

Ces prières nous montrent le grand amour que Jésus a pour nous. Il est mort afin d'avoir une relation avec toi et moi, et avec tous les hommes. Elles nous montrent également son obéissance au Père céleste, lorsque son heure de mourir fut proche. Il en sortit victorieux en obéissant totalement à Dieu.

APPLICATION

Comme dit le proverbe: « Les situations dures ne durent pas mais les personnes dures restent ». Jésus a payé le prix le plus élevé qui soit et a supporté beaucoup de souffrance. La question est: Que fais-tu pour Jésus, qui a donné sa vie pour toi ? Comment réagissez-vous quand quelqu'un est dur avec vous ? Avez-vous accepté son sacrifice et son amour, en soumettant votre cœur à Jésus ?

Donnez du temps aux étudiants pour méditer et confier leurs vies à Dieu dans la prière. Soyez sensible et priez avec eux car le Saint-Esprit guide.

IDÉES PRATIQUES

Pour aider à consolider les engagements pris, planifiez ensemble un programme de prières, de lecture et d'études de la Bible, individuellement, et en groupes, pendant la semaine. Encouragez-les à être sensibles à la direction du Saint-Esprit pour affiner leurs vies dans l'amour obéissant et soumis du Christ.

THÈME 2: JÉSUS, LE ROI MESSIE
LEÇON 13

Que ferez-vous de Christ ?

OBJECTIF
À la fin de cette leçon, l'étudiant(e) …

- … Verra les résultats tragiques quand quelqu'un rejette Christ.
- … Réfléchira sérieusement à la question: qu'est-ce que je fais au sujet de Christ ?

PASSAGES BIBLIQUES
Matthieu 27.11, 15-23; 27-31

AUTRES RÉFÉRENCES
Matthieu 26-27; Ésaïe 53.1-9

VERSET À MÉMORISER
Matthieu 27.22

> « Que ferai-je donc de Jésus, qu'on appelle Christ ? »

NOTES ADDITIONNELLES
Les Évangiles indiquent que le Christ a été accusé d'être …

- … un imposteur parce qu'il a dit qu'il était le Christ, le Fils de Dieu (26.64).
- … un blasphémateur parce qu'il s'est fait comme Dieu (26.63-64; Jean 5.18).
- … un fou parce qu'il a dit qu'il pourrait reconstruire le Temple en trois jours (26.61).
- … un révolutionnaire parce qu'il a dit qu'il était plus grand que Moïse et la loi et qu'il était le Seigneur du sabbat (Jean 5.18; Marc 2.28).
- … un fou parce qu'il a prétendu avoir été dans le ciel avant de venir sur la terre (jean 8.58; 17.5).

Toutes ces accusations résultèrent d'une fausse interprétation des paroles de Jésus. Il y eut des fausses interprétations parce que les leaders étaient jaloux (27.18)

INTRODUCTION
Cette question de Pilate est comme une autre question que Jésus posa aux Pharisiens: « Que pensez-vous du Christ ? » (Matthieu 22.42). Ce n'est pas une question seulement pour les personnes instruites; mais il est pour toutes les personnes qui feront face au Sauveur-Juge du futur. C'est une question importante qui déterminera le futur de chacun d'entre nous. Pilate demandait s'il devait condamner Jésus à la crucifixion ou pas. C'est une question que chaque personne doit se poser. Si Jésus est le Christ, le Messie, couronnons le comme notre Roi. Il est le Roi des rois et le Seigneur des Seigneurs à qui nous devons obéissance et honneur.

EXPLICATION DES PASSAGES BIBLIQUES
Comme roi, Jésus fit les choses suivantes pour nous: Il devint un homme comme nous, laissant son trône dans la gloire. Il fut proclamé Roi, lors de son entrée triomphale dans Jérusalem. Il fut crucifié. Au-

dessus de la croix, un signe l'identifiait comme le Roi des Juifs. Après sa résurrection, Jésus monta au ciel et prit sa place à la droite du Père. Le Christ reviendra un jour pour établir son Royaume.

Jésus rejeté

Après la lecture des passages bibliques, répondez aux questions suivantes.

- Qui était le juge de Jésus et qui étaient ses accusateurs ?
- Qui a été libéré à sa place et pourquoi ?
- Qu'a dit Ponce Pilate ? Pourquoi s'est-il lavé les mains ?
- Qu'a fait la foule pour confirmer son rejet ?
- Pourquoi Jésus a-t-il été rejeté ?
- Pourquoi n'a-t-il rien fait pour éviter ce rejet ?
- Que démontrent ses sentiments si on se réfère aux paroles qu'il a dites au sujet de ceux qui l'ont rejeté ?

Pourquoi Jésus devait-il mourir ?

La crucifixion n'était pas une chose plaisante; c'était un meurtre brutal et sanglant. Lisez Ésaïe 53 pour apprendre ce qu'il a souffert. Pourquoi Jésus est-il mort ?

Rejettes-tu Christ aujourd'hui ?

Pilate demanda: Qu'est-ce que je dois faire avec ce Jésus qui est innocent ? Il répondit à sa propre question en livrant Jésus à ses ennemis. Il le rejeta, perdant l'occasion de sauver sa propre vie.

Aujourd'hui, nous rejetons le Christ quand nous ne sommes pas déterminés à suivre Jésus. Nous nous donnons des excuses. Nous allons à l'église, mais nous ne soumettons pas totalement nos vies à Christ. Il y a des gens qui feignent seulement d'être des disciples. Ils disent qu'ils sont des chrétiens mais ne sont pas des vrais disciples du Christ.

Aujourd'hui c'est le jour du salut !

Aujourd'hui, vous pouvez prendre la décision la plus importante de votre vie. Vous pouvez (devez) choisir Jésus-Christ comme votre Sauveur et Christ couronné comme le roi de votre cœur et de votre vie.

APPLICATION

Que pensez-vous de Christ ? Ce sont les réponses de divers groupes d'âge à cette question.

Les jeunes: Je suis trop heureux de penser. Je penserai beaucoup plus tard.

Les adultes: Je suis trop occupé pour penser. D'abord je veux plus d'argent.

Âge moyen: Je suis trop préoccupé pour penser. Je pense à mon travail.

Personnes âgées: Je suis trop vieux pour penser. Ma vie est déjà modelée.

Quand la mort s'est proche: Je suis trop malade pour penser. À la mort: il est trop tard pour penser. L'esprit s'en est déjà allé.

Après une brève discussion au sujet du jugement de Jésus par les autorités hébraïques et romaines, posez la question: Que faites-vous au sujet du Christ ? Laissez un temps de réflexion et d'examen de conscience. Encouragez les étudiants à ne pas rejeter Jésus, le Roi, mais à le laisser régner en tant que roi dans leurs cœurs et leurs vies.

IDÉES PRATIQUES

L'homme doit décider de ce qu'il devrait faire avec Jésus. Souvent comme Ponce Pilate, nous agissons de ces manières suivantes pour rejeter le Christ

1. Nous l'honorons avec nos lèvres et négligeons ses enseignements sur la vie de tous les jours.

2. Nous disons que ses normes sont impossibles à pratiquer.
3. Nous l'ignorons complètement.

Et vous, que ferez-vous au sujet du Christ, le Fils de Dieu. Quel que soit ce que vous pensez de lui, ne l'oubliez pas et ne l'ignorez pas non plus.

Cependant, c'est également un rappel et un exemple pour nous: un innocent peut être accusé. Lorsqu'on est accusé injustement, on devrait suivre l'exemple de Jésus et subir patiemment les accusations, en espérant que Dieu rétablira la vérité et la justice (Ésaïe 53.7).

THÈME 2: JÉSUS, LE ROI MESSIE
LEÇON 14

Célébrez la pâque

OBJECTIF

À la fin de cette leçon, l'étudiant(e) saura apprécier et accepter Christ comme Fils de Dieu, le Messie promis et « L'Agneau de Dieu, qui ôte le péché du monde » (Jean 1.29).

PASSAGES BIBLIQUES

Matthieu 28.1-10, 16-20

AUTRES RÉFÉRENCES

Matthieu 27.33-61; 28.11-15; Ésaïe 53; Romains 1.1-9; 1 Corinthiens 15.1-58; 1 Pierre 1.3-9

VERSET À MÉMORISER

Matthieu 27.54

> *« Assurément, cet homme était Fils de Dieu. »*

NOTES ADDITIONNELLES

1. Que signifie la mort du Christ pour l'humanité ?
2. Quelle était la signification du signe dans les trois langues écrites sur la croix du Christ ?
3. Que signifiaient les paroles du centurion ?

INTRODUCTION

Écrivez les mots de sorte que tous puissent les voir: « Il est mort pour vaincre la mort ». C'est pourquoi, Jésus est venu dans le monde. Il est mort en donnant sa vie sur la croix pour vaincre la mort. Il a vaincu la mort de l'âme avec son sang sur la croix, nous donnant la vie éternelle en son nom. La mort physique n'a pas eu de pouvoir sur lui pour le maintenir dans le tombeau. Jésus est vivant au ciel aujourd'hui. Nous continuerons à étudier la souffrance du Seigneur Jésus. Il a souffert pour nous parce qu'il nous aime. Au temps où il s'est humilié lui-même pour devenir un bébé à Bethlehem, jusqu'à prendre la place des pécheurs sur la croix, Christ a agi délibérément pour racheter notre salut avec sa vie.

EXPLICATION DES PASSAGES BIBLIQUES

Un monde sans Pâques

Que serait la vie si le Christ était resté dans le tombeau ? Lisez et discutez ce que Paul a écrit dans 1 Corinthiens 15.12-19 « Si le Christ n'avait pas ressuscité… » que se passerait-il ?

La résurrection — passé, présent, future

Le passé - la résurrection du Christ a réellement eu lieu. Nous avons lu cette vérité dans la Bible. Avant de rencontrer le Christ, Paul persécutait l'Église; après avoir rencontré le Christ, il est devenu un évangéliste, un théologien et un missionnaire pour l'église qu'il avait persécutée !

Le présent - la nouvelle naissance (le salut) est une forme de résurrection. Nous sommes ressuscités de la mort spirituelle à la vie (Éphésiens 2.1-5). Nous voyons la continuation de l'Église. Nous entendons les témoignages des chrétiens qui expérimentent la puissance du Christ vivant. Nous voyons les vies changées à travers les siècles.

Le futur - la résurrection des croyants est certaine, parce qu'elle est basée sur la résurrection de Jésus. Puisque Dieu pouvait ressusciter le Christ, nous aussi, nous vivons dans l'espérance qu'un jour nous ressusciterons d'entre les morts.

Si Christ était ressuscité

Christ a vaincu le péché, la mort et l'enfer parce qu'il est ressuscité. L'Écriture fut accomplie et nous pouvons être sauvés de nos péchés. Si nous sommes sauvés du péché, nous avons la vie éternelle maintenant et l'espérance glorieuse que nos corps ressusciteront.

APPLICATION

Un homme appartenant à une autre religion parlait avec un chrétien. Il se vantait qu'ils gardaient encore la dépouille de son fondateur contrairement aux chrétiens qui ne conservent plus la dépouille de Jésus. Le chrétien répliqua: « Si nous avions le corps de Jésus, la chrétienté ne signifierait plus rien. C'est parce que Jésus est vivant que nous avons notre espérance".

Il est ressuscité: ce ne sont pas les clous qui avaient retenu Christ sur la croix. C'était l'amour, l'amour rédempteur. La pierre n'avait pas été roulée pour permettre à Jésus de sortir. Il était déjà sorti. La pierre fut enlevée pour montrer aux femmes qui le cherchaient que le tombeau était vide. Les plus belles paroles jamais inscrites sur un tombeau furent: « Il n'est plus ici. Il est ressuscité ».

IDÉES PRATIQUES

Célébrez la Pâques !

Cette Pâques, célébrez la résurrection du Christ. Choisissez une de ces suggestions données, ou préférez-vous, peut-être, votre propre idée

- Si vous ne connaissez pas Christ, acceptez-le comme votre Sauveur personnel. Il n'y a pas une meilleure façon de célébrer Pâques.
- Expliquez à quelqu'un appartenant à une religion différente, le sens de la résurrection du Seigneur.
- Ce jour, saluez les gens avec la nouvelle: « Il est ressuscité ! »
- Semez une graine ou plantez et méditez sur Jean 12.24.

THÈME 2 : JÉSUS, LE ROI MESSIE
LEÇON 15
Le commandement de Jésus : allez !

OBJECTIF
À la fin de cette leçon, l'étudiant(e) …

… comprendra la responsabilité des disciples de Christ comme résultant de la résurrection.

… acceptera la responsabilité de l'évangélisation mondiale.

PASSAGE BIBLIQUE
Matthieu 28.7-20

AUTRES RÉFÉRENCES
Matthieu 28.1-20 ; Marc 16.1-20 ; Luc 24.1-53 ; Jean 20.1-31 ; 1 Corinthiens 15.20-28 ; Hébreux 13.20-21

VERSET À MÉMORISER
Matthieu 28.19-20

« Allez, faites de toutes les nations des disciples, les baptisant au nom du Père, du Fils et du Saint Esprit, et enseignez-leur à observer tout ce que je vous ai prescrit. Et voici, je suis avec vous tous les jours, jusqu'à la fin du monde. »

NOTES ADDITIONNELLE

- Quel est le commandement que Jésus et l'ange ont donné aux femmes ?
- Comment la résurrection prouve-t-elle que Jésus est le Fils de Dieu ?
- Que contient le commandement de Christ aux chrétiens ?

INTRODUCTION

Les apparitions de Jésus après la résurrection répondaient aux besoins de chaque disciple. Quels que soient le tempérament ou la condition spirituelle, la présence de Jésus comblait pleinement le cœur. Pour Marie dont le cœur était brisé ; pour Pierre le repenti ; pour les deux disciples d'Emmaüs qui étaient découragés ; pour Thomas le sceptique, la présence de Christ comblait les doutes, essuyaient les larmes, chassait les peurs, leur redonnant à nouveau une joie totale.

L'Évangile de Matthieu se termine par un appel au service. Le Christ ressuscité a tous les pouvoirs pour racheter l'homme. Il mandate ses disciples — d'hier et d'aujourd'hui — à prêcher le salut en son nom. Il sera avec nous jusqu'à son retour dans la gloire !

EXPLICATION DES PASSAGES BIBLIQUES

Salutations

Les femmes qui étaient allées au tombeau pour oindre le corps de Jésus étaient témoins du plus grand événement qui ait existé. Beaucoup de choses se sont produites : l'ange est venu, la pierre a été roulée, et les gardes se sont évanouis de peur. Les femmes furent probablement effrayées quand ces choses se produisirent. Les hommes, les disciples de Jésus se cachèrent. Les femmes furent heureuses d'entendre :

« Ne craignez pas... Il est ressuscité... allez... dire à ses disciples qu'il est ressuscité » (28 5-7). Elles coururent pour annoncer la nouvelle aux disciples. Leur obéissance au commandement de l'ange leur apporta une plus grande surprise. Jésus leur apparut et dit: « Je vous salue » (28.9). Le message de Pâques apporte la vie et l'espoir.

Une Commission

Les instructions que Jésus donna aux disciples furent claires. Ils doivent ALLER jusqu'aux extrémités de la terre proclamer ce message. CHAQUE homme est un pécheur et a besoin du salut de Jésus. Des missions naquirent à cause de ce commandement de Jésus. Mais, ce commandement n'est pas seulement donné aux missionnaires. Quiconque a reçu Christ comme le Sauveur est appelé à gagner d'autres personnes pour Christ. Nous pouvons être envoyés par Dieu dans notre propre pays, notre ville ou notre famille. Aujourd'hui, nous pouvons nous joindre à l'armée de Dieu pour gagner le monde pour Christ.

Une promesse

Ces hommes de Galilée furent des analphabètes; certains furent des pêcheurs. Pourtant, Jésus leur avait donné le commandement de répandre l'Évangile dans le monde entier. Ils auraient du douter de leurs propres capacités quand ils ont entendu la Grande Commission que Jésus leur donnait. Pourtant, ils n'ont ni donné des excuses, ni demandé des garanties, ni exigé des conditions. Ils furent disposés par Jésus. Maintenant, ils répandraient la Parole en tant que messagers de Dieu sur terre. Ils ne mirent pas leur confiance dans la puissance de l'homme. Ils allèrent avec la force du Seigneur. Jésus promit: « Je suis avec vous ». Le plus grand parmi les hommes serait présent pour les aider à faire le plus grand travail.

APPLICATION

Les premiers missionnaires moraves envoyés au Grœnland apprirent que les indigènes étaient des analphabètes. Ils décidèrent de les éduquer d'abord avant de leur donner le message de l'Évangile. Les résultats ne furent pas très satisfaisants. Ils se découragèrent et décidèrent de retourner dans leur pays. Tandis qu'ils attendaient un bateau pour les ramener chez eux, ils se mirent à enseigner les passages bibliques à certains des indigènes qui étaient présents. Ils leur enseignèrent au sujet de la souffrance et de la mort de notre Seigneur Jésus-Christ. Les indigènes écoutèrent silencieusement. À la fin de la leçon, un des chefs se leva et leur demanda de relire tous les passages de la Bible. Il demanda si cette histoire était vraie. Quand les missionnaires lui dirent qu'elle était vraie, le chef demanda: « Pourquoi vous ne nous avez pas dit tout ceci dès le commencement ? Ne rentrez pas chez vous, nous voulons savoir plus au sujet de celui qui a tellement souffert pour nous ». Que prêchons-nous aujourd'hui; Christ ou la culture et la connaissance ?

IDÉES PRATIQUES

Discutez sur la façon dont les premiers peuples réagissaient à la nouvelle de la résurrection. Comment la radio, la Télévision, et les journaux annonceraient-ils cette histoire aujourd'hui ? Personnellement, comment réagissons-nous ? La croyons-nous ? La rejetons-nous ? Comment appliquons-nous la résurrection à notre vie ? Quel espoir la vie éternelle nous donne-t-elle ? Comment accomplirai-je le commandement de Jésus ? Quel est le message que je dois annoncer aux autres ?

THÈME 3 : ÇA A VRAIMENT DE L'IMPORTANCE
LEÇON 16
Ma vie a-t-elle de la valeur ?

OBJECTIF
À la fin de cette leçon, l'étudiant(e) comprendra à travers les paraboles, le vrai sens du Royaume des cieux. Comprendra son défi. Acceptera son défi.

PASSAGE BIBLIQUE
Matthieu 13.31-33, 44-52

AUTRES RÉFÉRENCES
Psaumes 78.1-8

VERSET À MÉMORISER
Matthieu 13.16

« Mais heureux sont vos yeux, parce qu'ils voient, et vos oreilles, parce qu'elles entendent ! »

NOTES ADDITIONNELLES
Une parabole est une histoire avec une signification précise qui enseigne une vérité. Dans le Grec originel, le terme « parabole » signifie une « comparaison ». C'est une comparaison tirée dans la nature ou dans la vie de tous les jours, pour enseigner des vérités spirituelles. Dieu qui travaille dans la nature et dans la vie de tous les jours est le même qui apporte son Royaume au monde par le ministère, la vie, la mort et la résurrection de Jésus-Christ. Jésus a utilisé une parabole en guise d'illustration, de proverbe, et d'exemple de la vie humaine, ou de la nature. Son but n'est pas de cacher quelque chose, mais de présenter la vérité à ceux qui la veulent.

INTRODUCTION
Qu'est-ce qui donne un sens à la vie ? Est-ce l'âge, la santé, la renommée, l'éducation, la richesse, etc. discutez. Quelqu'un a dit : « Consacrez votre vie à vos semblables et vous recevrez l'éternité ». Discutez de cette affirmation.

EXPLICATION DES PASSAGES BIBLIQUES
Jésus utilisait souvent des paraboles pour illustrer les vérités profondes du Royaume des cieux. Il employait toutes les méthodes possibles, afin d'aider ses auditeurs à comprendre les vérités spirituelles. Le moineau qui est tombé de l'arbre, le semeur dans le champ, un fils rebelle qui est parti de chez lui, une simple pièce de monnaie et beaucoup d'autres exemples aidaient à expliquer les vérités de l'Évangile.

L'interprétation des paraboles (Matthieu 13.31-52). Divisez les l'étudiants en cinq groupes et donnez à chaque groupe une parabole à lire puis il répondra aux questions suivantes Graine de moutarde (13.31-32); le levain (13.33); le trésor caché (13.44); La perle de grand prix (13.45-46); le filet (13.47-50).

- Quelle est l'idée principale de la parabole ?
- Que dit la parabole au sujet du Royaume ?
- Quel enseignement peut-on en tirer pour notre vie ?

Après que chaque groupe ait soumis ses réponses, discutez brièvement et expliquez la signification de chaque parabole: la graine de moutarde (croissance); le levain (changement); le trésor caché (la valeur du salut); la perle (le bon investissement qu'on fait en suivant Jésus); le filet (l'urgence de prêcher le Royaume à chaque moment et partout).

Jésus finit en montrant que la responsabilité de chaque disciple d'annoncer l'Évangile dans la mesure où il l'a reçu (13.51-52). Par conséquent, chacun doit investir sa vie, ses talents et trésors dans l'œuvre pour l'agrandissement du Royaume !

Le Royaume et l'Église

Le royaume de Dieu, est-ce que c'est l'Église ? Le Royaume de Dieu n'est pas une dénomination. Il est composé de tous ceux qui acceptent et suivent Jésus-Christ comme Sauveur, dont les noms sont écrits dans le ciel. Christ est venu dans le monde pour instaurer son Royaume dans les cœurs de ceux qui l'acceptent. L'Église n'est pas le royaume, parce que l'Église peut avoir des membres qui ne fassent pas partie du royaume. Cependant, l'Église est la seule organisation qui existe afin de faire grandir le royaume de Dieu.

Citoyens du Royaume

Habituellement on pense à la citoyenneté du Royaume de manière négative: nous ne devons pas faire certaines choses, ou être ceci ou cela; il y a la souffrance et le sacrifice. Être un chrétien implique vraiment le sacrifice et l'autodiscipline uniquement. Mais les avantages et les bénéfices sont beaucoup plus importants que ce qui peut sembler à des inconvénients.

C'est à vous de choisir. Le prix est élevé: il a coûté à Jésus la mort sur la croix. Sa vie est très précieuse.

APPLICATION

La vie a un sens seulement quand elle est offerte pour les autres. Tout ce qu'une personne acquiert dans la vie n'a de valeur que quand il bénéficie à d'autres. Il l'est encore plus si cette vie est offerte à Christ. Par conséquent, les gens du royaume sont ceux qui ont dévoué leurs vies à Dieu et aux autres. Ils sont attentifs aux besoins des autres qu'ils soient physique, émotionnel, intellectuel et spirituel.

La question est de voir que l'Église n'est pas le royaume de Dieu, êtes-vous un membre du royaume ou de l'Église ?

IDÉES PRATIQUES

En utilisant les significations des paraboles, surveillez votre croissance des domaines particuliers de votre vie spirituelle pendant la semaine. Notez vos observations et partagez-les avec d'autres chrétiens dignes de confiance. Ainsi, elles peuvent vous aider si vous en avez besoin.

THÈME 3 : ÇA A VRAIMENT DE L'IMPORTANCE
LEÇON 17

C'est quoi la foi en Christ ?

OBJECTIF
À la fin de cette leçon, l'étudiant(e)…

- … développera une foi ferme en Christ.
- … sera capable de compléter cette compréhension avec les actes de foi dans la vie de l'enseignant (l'enseignant doit être un exemple).

PASSAGES BIBLIQUES
Matthieu 14.25-33; 15.21-28

AUTRES RÉFÉRENCES
Marc 7.31-37; Hébreux 11.1-6

VERSET À MÉMORISER
Matthieu 21.22

« Tout ce que vous demanderez avec foi par la prière, vous le recevrez. »

INTRODUCTION
La foi est une croyance dans les choses qu'on ne peut pas voir, ni connaître. Le missionnaire Jean Paton traduisait le Nouveau Testament dans la langue des îles du Pacifique Sud. Il ne pouvait pas trouver un mot approprié pour « foi ». Paton était très frustré. Un jour, un fugitif entra dans la tente du missionnaire presque à bout de souffle et se jeta sur le lit. Il criait un mot. « C'est ça ! C'est ça ! » disait Paton tout heureux. Il demanda à l'homme de répéter le mot. Il signifia à l'homme de se jeter de tout son poids sur le lit. Paton déclara: « C'est cela avoir foi en Christ; se jeter sur Christ pour être réconcilié avec Dieu » Cette définition peut également s'appliquer à toute la vie.

EXPLICATION DES PASSAGES BIBLIQUES

Une foi vacillante (14.25-33)
Pourquoi Pierre pouvait-il marcher sur la mer ? Discutez. Pierre était un juif, un ami et disciple de Jésus. Il se soumit au test de la foi, mais faillit presque se noyer avec sa foi remplie de doutes. Il mérita le reproche de Jésus (14.31).

Peut-être, avez-vous fait la même expérience que Pierre. Peut-être, aviez-vous commencé à suivre Christ avec une foi ferme, mais soudain votre foi a commencé à se refroidir et vous avez commencé à vous noyer dans l'incrédulité. Jésus est près de vous, étendant sa main d'amour vers vous. Dieu travaille de plusieurs manières, quoique nous ne l'acceptons pas toujours. Dans les moments de crainte, le Seigneur nous assure de sa présence. Nous ne devons pas demeurer dans les ténèbres, remplis de crainte. La voix de Dieu nous donnera l'assurance.

Une foi confiante (15.21-28)

La femme cananéenne était une païenne qui cria vers le Fils de David. Elle se soumit au test de la foi et eut la victoire. Sa foi triompha et sa fille fut guérie. Elle reçut un grand compliment de la part du Seigneur (15.28). La détermination et la persévérance de la femme cananéenne avaient dû soutenir sa foi. Si vous avez fait une expérience similaire, partagez-la avec la classe, ou autorisez quelqu'un d'autre de le faire, s'il a vécu la même expérience. La femme continua de demander, de faire confiance et de dépendre de Dieu. Une femme qui a eu un grand besoin, a fait une grande prière et a eu une grande foi !

Les réponses de la foi

Quiconque rencontre Christ a une réponse à donner

- **Le rejet:** Ceux qui refusent d'accepter le Christ.
- **La lâcheté:** Ceux qui croient, mais ont peur de l'accepter en raison des pressions extérieures.
- **L'hypocrisie:** Ceux qui feignent de croire, mais n'ont jamais accepté Christ comme Sauveur.
- **La foi:** Ceux qui croient, acceptent et confessent Christ comme Sauveur (Romains 10.9).

La foi en action

Chaque jour, nous mettons la foi en pratique; quand nous conduisons une voiture, ou montons dans un autobus, nous faisons confiance dans les freins. Mais, il peut se produire une défaillance dans les freins. La foi en Christ est toujours récompensée. Quand nous faisons confiance au Seigneur, nous sommes sûrs que notre confiance ne sera pas vaine. Il a la réponse à notre foi. Le Seigneur veut seulement que nous ayons une foi véritable, qui sera affermie avec l'épreuve.

APPLICATION

Dessinez un arbre avec des racines qui poussent en l'air et un autre avec des racines plantées dans la terre. Utilisez cette illustration pour démontrer que l'arbre avec les racines profondes pourra résister aux orages et aux difficultés de la vie. C'est pareil pour le chrétien. Il sera triomphant dans la mesure où sa foi est enracinée en Christ. Jésus a montré que la foi et l'accès à Dieu n'appartiennent pas seulement aux Juifs, mais à chacun. Les bénédictions de Dieu sont données à toute personne qui croit en lui. Comment se porte ta foi aujourd'hui ? Vaincra-t-elle, lorsqu'elle sera éprouvée ?

IDÉES PRATIQUES

- Efforcez-vous d'enraciner votre foi en Christ
- Décidez de ce qui est votre réponse de foi
- Cherchez des conseils pour avoir la vraie foi en Christ
- Étudiez et notez des passages bibliques sur la foi, pour que votre foi mûrisse.

THÈME 3: ÇA A VRAIMENT DE L'IMPORTANCE
LEÇON 18

Soixante-dix fois sept fois ?

OBJECTIF
À la fin de cette leçon, l'étudiant(e) …

… comprendra le plan du pardon de Dieu et ce qu'il espère de nous.

… désirera satisfaire les attentes de Dieu dans sa vie.

PASSAGES BIBLIQUES
Matthieu 18.21-35

AUTRES RÉFÉRENCES
Matthieu 18; Psaumes 51.1-10; 86.1-7; 103.1-12; Luc 23.32-43

VERSET À MÉMORISER
Matthieu 6.14

« Si vous pardonnez aux hommes leurs offenses, votre Père céleste vous pardonnera aussi; »

INTRODUCTION

Écrivez ces mots pour que tous les voient: « Combien de fois pardonnerai-je ? » Écoutez les réponses et les commentaires des élèves. Parlez du pardon que nous recevons de Dieu par Christ. Mettez l'accent sur le devoir de tous ceux qui reçoivent ce pardon. La vérité est que nous ne pourrons jamais pardonner autant que nous avons été pardonnés par Dieu.

Utilisez cette leçon pour discuter de certaines situations dans lesquelles la jeunesse se trouve souvent: à l'école, à la maison et même dans l'église. Soyez honnête et pratique dans les réponses. Aidez-les à comprendre que quelle que soit l'offense subie, ils doivent pardonner. Pardonner n'est pas une chose facile à faire. Ils ne peuvent pas pardonner de leur propre force, seule la grâce de Dieu les aidera à être disposés au pardon. Le conseil tiré d'Éphésiens 4.26 est un guide sage pour chaque chrétien.

EXPLICATION DES PASSAGES BIBLIQUES

Soixante-dix fois sept fois ?

Pierre a posé la question: « Seigneur, combien de fois pardonnerai-je à mon frère, lorsqu'il péchera contre moi ? Jusqu'à soixante-dix-sept fois sept fois ? » (18.21). Dans la réponse Jésus a raconté la parabole de l'homme qui n'a pas aimé pardonner. Le verset 22 sonne comme une loi: 70 x 7 = 490. Pierre devait pardonner 490 fois ? Après cela, avons-nous la liberté de fermer les portes de l'amour ?

Que pensez-vous des versets suivants ?

- 18.27 — Dieu est plein de compassion et de miséricorde. Il écoute nos demandes.
- 18.33 — Parfois un reproche est suffisant pour corriger le tort. Parfois, la punition doit être plus sévère.
- 18.35 — Dieu dit que nous devons pardonner aux autres parce qu'il nous a pardonnés. Aussi, le pardon ne doit avoir ni limite, ni mesure. Soixante-dix-sept fois sept fois signifie « toujours ».

Le modèle de pardon

Nous pouvons beaucoup apprendre sur le pardon avec les personnes qui ont beaucoup pardonné. Quand il a été mis à mort, Jean Huss, le réformateur religieux de la Bohême, est tombé sur ses genoux et a pleuré d'une voix forte disant: « Seigneur, Jésus, je supporterai humblement cette mort pour ton saint évangile; pardonne à mes ennemis ».

Pensez aux exemples de Paul, Etienne, David et Jésus. Connaissez-vous une personne qui a pardonné à ceux qui lui ont fait du tort ? Pour le tort causé, il peut s'agir d'une diffamation, calomnie, envie, etc. et non pas seulement de tuer le corps physique.

Que pensez-vous des expressions suivantes ? a) pardonner, mais pas oublier; b) pardonner et oublier. On voit le but de la parabole qui est démontré. En comparant les passages de Matthieu 18.35 et 6.12, nous apprenons que nous devons pardonner toujours et totalement.

Pardonner pour être pardonnés

Si nous ne pardonnons pas à ceux qui ont péché contre nous, notre Père céleste ne pardonnera pas nos péchés. A Qui devons-nous pardonner ? Nous devons pardonner à tous ceux qui nous ont offensés. Devons-nous limiter notre attitude de pardon ? Nous devons pardonner autant de fois que cela est nécessaire. C'est ce que Jésus disait quand il a commandé à Pierre de pardonner 70 x 7 fois. Avec l'aide et la grâce de Dieu, nous devons toujours garder une attitude de pardon et d'humilité. Nous ne devons pas oublier que chaque fois que nous récitons: « Pardonnez-nous nos offenses, comme nous pardonnons aussi à ceux qui nous ont offensé », nous établissons une règle.

Si nous gardons le ressentiment et l'amertume envers nos frères et nos voisins, nos prières et témoignages ne serviront à rien.

APPLICATION

En vous tenant les mains en cercle, récitez le Notre Père ensemble.

Priez également que le Seigneur vous accorde toute sa grâce pour l'imiter dans cette partie importante de la vie chrétienne.

IDÉES PRATIQUES

Dans la prière, éprouvez votre cœur pour voir si honnêtement vous êtes capable de faire cette prière « Pardonnez-nous nos offenses, comme nous pardonnons aussi à ceux qui nous ont offensés ».

Sachez et reconnaissez que ceux qui ne pardonnent pas ne peuvent pas être pardonnés. Quand nous ne pardonnons pas les autres, nous leur faisons du mal, et nous nous faisons du mal également. Ceci fait partie de la punition. En outre, nous ne devons pas attendre que quelqu'un demande pardon avant de lui pardonner. Nous devons être disposés à pardonner aux autres immédiatement et nous le pouvons avec l'aide de Dieu.

Cherchez des conseils et la direction de votre enseignant, pasteur ou d'un 'ami chrétien digne de confiance pour traiter n'importe quel obstacle que vous pouvez découvrir.

THÈME 3: ÇA A VRAIMENT DE L'IMPORTANCE
LEÇON: 19

L'Église de Jésus

OBJECTIF
À la fin de cette leçon, l'étudiant(e) …
- … connaîtra la signification et la mission de l'église du Christ.
- … découvrira sa responsabilité.

PASSAGES BIBLIQUES
Matthieu 16.13-26

AUTRES RÉFÉRENCES
Matthieu 16-17; Michée 4.1-7; 1 Pierre 2.4, 6-10

VERSET À MÉMORISER
Matthieu 16.24

« Si quelqu'un veut venir après moi, qu'il renonce à lui-même, qu'il se charge de sa croix, et qu'il me suive. »

NOTES ADDITIONNELLE
- Pourquoi disons-nous que l'église est une institution spéciale ?
- Pourquoi est-il important que l'église comprenne l'œuvre de Christ ?

INTRODUCTION
Discutez avec la classe au sujet de la définition du mot « Église »: c'est un bâtiment qui sert d'église, un rassemblement de tous les croyants, une congrégation, une église universelle, une dénomination. Savoir ce qu'ils pensent au sujet de l'église vous aidera à clarifier les fausses idées au sujet de sa signification et mission véritables.

La « pierre angulaire » de l'église est Jésus. Il est également connu comme la Tête de l'église; l'église est souvent appelé le corps du Christ. Quand il a fondé l'église, Christ avait placé une grande confiance dans ses disciples. Le futur de son ministère dépendait d'eux. Ils seraient les douze (12) qui inaugureraient une nouvelle ère et un nouveau peuple, l'église. Ils devaient servir d'exemples pour tous. Mais, ils devaient apprendre ce que serait vraiment l'église. L'église doit suivre l'exemple des disciples. De cette seule façon, est-il possible de mener à bien sa mission et son but. Alors, qu'est-ce l'église ?

EXPLICATION DES PASSAGES BIBLIQUES
De nos jours, critiquer l'église est devenu une habitude, de même que critiquer son importance et ses activités. Certains ont cessé de croire que l'église est importante. Nous ne pouvons pas ignorer certaines de ces critiques, mais nous devons nous rappeler que l'église est administrée par des personnes qui peuvent faire et font des erreurs.

Le mot « église » a plusieurs significations:
- Bâtiment utilisé pour des cultes d'adoration. b. Congrégation locale des croyants.
- Membres d'une dénomination ou d'un groupe religieux.

- Ceux qui ont une relation personnelle avec Christ.

Les débuts de l'église (Matthieu 16.18)

Le Sauveur donna un nouveau nom à Simon: Pierre, qui signifie un morceau de roc. Pierre commença une nouvelle communauté des croyants. Christ a bâti son église sur la confession de Pierre, sur la vérité de sa confession. Jésus ne voulut pas dire qu'il bâtissait son église sur Pierre. Jésus est le Christ, le Fils du Dieu vivant. Pierre est seulement un leader, mais ne peut jamais être le chef de l'église. Jésus est la principale pierre angulaire et les Apôtres bâtissent sur ce roc (Éphésiens 2.20).

Le Seigneur bâtit son église avec des hommes comme Pierre. Quoique plus tard, Pierre ait renié son Maître (26.69) et avait des problèmes de préjugés (Actes 10; Galates 2.11-14); il suivit les pas de Jésus essayant d'être comme Christ. Dieu peut encore aujourd'hui utiliser des hommes de ce genre. Pierre connut Jésus comme la « pierre vivante » (1 Pierre 2.4). Ceux qui le suivent sont « une race élue, un sacerdoce royal, une nation sainte, un peuple acquis… le peuple de Dieu »; (1 Pierre 2.9, 10).

Jésus veut que nous fassions tous partie de son peuple (1 Pierre 2.10). Personne ne peut détruire cette fondation de Dieu. Nous devons annoncer « les louanges de celui qui vous a appelés des ténèbres à son admirable lumière » (1 Pierre 2.9).

La puissante église ! (Matthieu 16.18)

Les paroles de Christ: « Les portes du séjour des morts ne prévaudront point contre elle » (16.18), signifient que le puissance du mal ne vaincra jamais l'église de Christ. Ceci implique également la bataille, une église gagnant du terrain contre le mal. Quand Christ dit qu'il donnerait aux disciples « les clefs du royaume des cieux » (16.19), il leur commanda de prêcher l'Évangile. Ils doivent prêcher la voie du salut. Cette responsabilité est également la nôtre.

NOTRE MISSION (MATTHIEU 16.24-26)

Soyons des membres de l'église de Jésus-Christ. Qu'avez-vous fait pour aider votre église à atteindre le but de Christ ? Dans Matthieu 16.24-26, Jésus enseigna à ses disciples ce que veut dire le suivre. Lorsque nous le suivons, il semble que nous perdons tout ce qui a de la valeur pour nous. Mais, en réalité, nous trouvons la « voie par excellence » (1 Corinthiens 12.31). Nous devons prendre la croix et suivre Jésus et ne jamais abandonner ce chemin, parce qu'il est le Chemin.

APPLICATION

En pensant aux différentes significations débattues, répondez aux questions suivantes
- Qu'est-ce que l'église a fait pour moi ?
- Qu'est-ce que j'ai fait pour l'église ?
- Est-ce qu'une autre organisation peut réaliser ces activités mieux que l'église ?

Ne négligez pas le fait que vous ÊTES l'église. L'église reflète ce que sont les croyants. Vous êtes une pierre importante de l'édifice !

IDÉES PRATIQUES

Pensez à un moyen de rendre l'église active de sorte qu'elle réponde aux besoins des hommes tout en mettant l'accent sur le spirituel ?
- En tant que classe, énumérez les choses qui peuvent être faites par l'église pour réaliser la mission du Christ.
- Énumérez les choses que vous pouvez faire individuellement et ensemble.
- Élaborez un plan pour les réaliser et vous y engager.

Rappelez-vous que vous ne pouvez pas tout réaliser en même temps.

THÈME 3: ÇA A VRAIMENT DE L'IMPORTANCE
LEÇON 20

Les conditions du royaume

OBJECTIF

À la fin de cette leçon, l'étudiant(e) …

… réalisera la dévotion de Jésus pour établir le Royaume des cieux — le chemin de la croix.

… comprendra que les citoyens de ce Royaume doivent servir leur prochain.

PASSAGES BIBLIQUES

Matthieu 19.1-30; 20.17-28

AUTRES RÉFÉRENCES

Matthieu 19.1 — 21.5

VERSET À MÉMORISER

Matthieu 20.28

> « C'est ainsi que le Fils de l'homme est venu, non pour être servi, mais pour servir et donner sa vie comme la rançon de plusieurs. »

INTRODUCTION

Connaissez-vous l'histoire du soldat-vigil de Pompéi? Sous les cendres de la ville enterrée par l'éruption du Vésuve, fut trouvé le corps d'un soldat. Il se tenait fermement à son poste, préférant mourir plutôt que d'abandonner son poste pour se sauver avec la foule des laves du volcan. Les conditions d'un bon soldat sont l'obéissance et la dévotion, pour accomplir la mission.

EXPLICATION DES PASSAGES BIBLIQUES

Au revoir à Galilée (Matthieu 19.1-30)

Jésus fit le ministère pendant une année et demie dans la région de Galilée. En ce temps-là, il fit face à des difficultés; mais, Jésus resta fidèle à son ministère. Il prêcha à de grandes foules. Il enseigna les principes du Royaume des cieux et fit beaucoup de disciples et de croyants. Jésus guérit également les malade, nourrit des milliers de personnes et montra sa puissance sur les démons et la nature.

Tandis que beaucoup adoraient Jésus, d'autres le suivaient pour l'éprouver. En répliquant à une des questions des disciples, Jésus répondit et leur enseigna les conditions pour recevoir la vie éternelle (19.23-30). La récompense est accordée non sur la base du favoritisme, mais sur la base de la fidélité.

Quand Jésus termina ses enseignements, il quitta la Galilée. Le départ de Galilée fut un temps de tristesse. Le peuple ne l'accepta pas comme le Fils de Dieu, le Messie, et il ne voulut pas retourner là-bas de nouveau.

Le chemin vers Jérusalem (Matthieu 20.20-27)

Aller à Jérusalem et aller au calvaire signifiaient une seule et même chose. Jésus savait cela. Son but était d'accomplir le plan de son Père.

Il y avait de la tension et du chagrin parmi les disciples. Marc 10.32 indique que les disciples furent remplis de crainte pendant qu'ils s'approchaient de Jérusalem. Jésus leur parla, essayant de les préparer aux événements à venir. Il expliqua qu'il serait la rançon pour les péchés du monde (20.28). Cette révélation fut seulement pour les douze disciples. À d'autres moments, Jésus commanda aux disciples de ne rien dire au sujet de sa souffrance et de sa mort. Cette fois ci aussi, il parla seulement aux douze. Jésus voulut qu'ils fussent bien informés, de sorte qu'ils ne fussent pas étonnés. Il ne permettrait à aucun ennemi, ni à aucun événement de gêner le plan de Dieu. Ce fut la raison du secret. Si Jésus avait prédit ouvertement sa crucifixion, ses ennemis auraient gêné le plan de Dieu en trouvant un autre moyen de le tuer. Christ était venu pour mourir sur la croix; ceci avait été établi depuis la fondation du monde. Comme une brebis qu'on mené à l'abattoir, Jésus marcha vers Jérusalem pour donner sa vie en sacrifice.

Une demande étrange (Matthieu 20.20-21)

Cette mère fut souvent critiquée pour la demande qu'elle avait faite à Jésus. Elle voulait une position d'honneur pour ses fils, lorsque Jésus commencerait son règne. Cependant, l'honneur et la gloire viendront à condition que nous soyons fidèles à la mission que Jésus nous confie. Ce n'est pas toujours un chemin facile. Il exige le sacrifice et l'engagement.

Les conditions du Royaume

Le Seigneur Jésus ne condamna pas la demande de cette mère. Nous voyons sa patience et sa compréhension, lorsqu'il expliqua qu'il y avait certaines conditions qu'ils doivent remplir pour obtenir ce privilège. Conformément à certains de ses enseignements: pour vivre, vous devez mourir; pour sauver votre vie, vous devez la perdre; pour recevoir, vous devez donner; pour posséder, vous devez renoncer; le premier sera dernier et le dernier sera le premier; Jésus confirma que celui qui veut être le maître sera un serviteur. Jésus fut le miroir de son propre enseignement parce qu'il était obéissant au Père. Si nous voulons recevoir l'honneur dans le Royaume de Dieu, nous devons d'abord prendre la croix et suivre Christ. Soyons fidèles et nous obtiendrons la couronne de vie.

APPLICATION

Jésus est notre modèle et exemple. Il servit avec humilité; Il aida tous ceux qui avaient eu besoin de lui. Il les guérit, les encouragea, les libéra de leurs craintes et les sauva. Il donna sa vie comme rançon pour tous ceux qui croient en lui. Son amour pour nous l'a fait mourir sur la croix. Soyons les serviteurs de Christ; servons l'église; la communauté et nos voisins.

IDÉES PRATIQUES

Un chrétien était debout à la porte de l'église, quand un autre membre de la congrégation arriva à la hâte et demanda: « Frère, le culte est-il déjà fini ? » « Non, frère » répondit le chrétien », la louange est terminée, mais le culte vient justement de commencer ». C'est parce que la louange peut être faite « à l'intérieur des portes », mais le culte, le service envers les autres commence « hors des portes ». Quel service pouvez- vous offrir aux autres, cette semaine ?

THÈME 3: ÇA A VRAIMENT DE L'IMPORTANCE
LEÇON 21

Une direction pour la vie

OBJECTIF
À la fin de cette leçon, l'étudiant(e) …

- … verra le danger de rejeter Christ, le fils de Dieu.
- … réalisera que certains témoignent avec des paroles de leur foi dans le Seigneur, mais leur travail ne le montre pas (les deux fils de la parabole). « Dire » et « faire » doivent être inséparable si notre témoignage chrétien est vrai.

PASSAGES BIBLIQUES
Matthieu 21.28-32, 42-46

AUTRES RÉFÉRENCES
Matthieu 21.6 - 22.14; Ésaïe 55.6-13

VERSET À MÉMORISER
Matthieu 3.2

> « Repentez-vous, car le royaume des cieux est proche. »

INTRODUCTION

Cette parabole montre l'importance de l'obéissance à la Parole de Dieu. Un homme avait deux fils. Il appela le premier et lui dit d'aller travailler dans sa vigne. Le jeune homme, qui était dur et rebelle, répondit: « Je ne partirai pas ». Puis le père appela le deuxième fils et lui donna le même ordre. Celui-ci, ayant un caractère plus doux et plus coopératif, n'eut pas besoin qu'on le persuadât. Avec beaucoup de respect et de courtoisie, il dit: « Oui, je pars ».

EXPLICATION DES PASSAGES BIBLIQUES

La repentance

La signification de la parabole est claire. Le père représente Dieu. Le premier fils représente les gens ordinaires, les publicains et les pécheurs. Quoiqu'ils n'aient pas feint d'être religieux ou d'avoir la crainte de Dieu, ils ont identifié la voix du Père céleste dans le message de Jean le baptiste. Beaucoup se repentirent et prirent une nouvelle direction dans la vie. Quoiqu'au commencement, ils avaient dit « non », ils se sont repentis et ont dit « oui » par leurs actes.

Qu'est-ce que l'obéissance ?

Le deuxième fils représente les chefs religieux conduits par les Pharisiens. Ils ont feint d'obéir à la volonté de Dieu, mais ont toujours résisté au message du Christ. Entendre la voix de Dieu n'était pas suffisant. L'auditeur doit mettre en pratique les enseignements de la bible. Les passages bibliques indique: « N'écoutez pas seulement les paroles en vous abusant avec de faux raisonnements. Faites ce qu'elle vous dit » (Jacques 1.22). C'est la « nouvelle direction » dans la repentance.

La pierre rejetée

La Pierre que les Juifs ont rejetée représente la pierre de l'angle de l'église chrétienne. Si nous bâtissons nos vies sur Lui, Jésus Christ nous aidera à surmonter les difficultés de la vie. Refusons d'être comme le deuxième fils. Obéissons à la volonté du Père céleste et acceptons sa Parole comme la direction vers une nouvelle vie en Christ.

APPLICATION

Il y a d'importantes choses que nous devons faire, si nous voulons une vraie communion avec Dieu: se repentir et obéir. Écrivez ces paroles, afin que tout le monde les voie. Notre repentance doit être sincère; nous devons croire pleinement dans la puissance de Dieu pour le pardon de nos péchés. L'obéissance est le secret de la réussite chrétienne. Se repentir de ses péchés puis continuer à mener la même vie qu'avant est comme jeter une semence dans la terre puis négliger de l'arroser jusqu'à ce qu'elle meurt. L'obéissance à Dieu et à sa loi favoriseront la croissance spirituelle du croyant dans sa marche avec Dieu.

Veux-tu recevoir Christ comme la Pierre angulaire de ta vie ?

IDÉES PRATIQUES

Au Moyen-âge, en Angleterre, un homme riche était sur le point de mourir. Il envoya chercher un de ses serviteurs qui était un chrétien. Il lui dit: « Jean, je vais mourir. Je ne suis pas certain que j'irai au ciel. Peux-tu me dire ce que je dois faire ? » Le vieux et sage serviteur sachant que son maître était quelqu'un de très orgueilleux, lui dit: « Seigneur, si tu veux être sauvé, tu dois aller t'agenouiller dans la porcherie et répéter ces paroles: 'Dieu, je suis un pécheur, aies pitié de moi' ». Le maître répondit: « Je ne peux pas faire ce que tu me demandes. Une semaine plus tard, l'homme mourant envoya chercher encore le serviteur. Il dit: « Jean, qu'as- tu dis que je dois faire pour être sauvé ? » Le vieux serviteur répondit: « Seigneur, tu dois aller dans la porcherie ... ». Alors, le maître répliqua: « Jean, j'y pense, ... et je veux y aller ». Alors, le serviteur s'exclama: « Oh, Seigneur, tu n'as pas besoin d'y aller. Si tu es consentant, cela est suffisant ! »

Essayez le conseil du serviteur sage et persistez jusqu'à ce que vous réalisiez une percée.

THÈME 3 : ÇA A VRAIMENT DE L'IMPORTANCE
LEÇON 22

Sommes-nous sincères ?

OBJECTIF

À la fin de cette leçon, l'étudiant(e) …

- … Comprendra que Jésus aime la sincérité en nous.
- … Réalisera que quand l'homme juge à partir des apparences, Dieu regarde le cœur.
- … Désirera être sincère en suivant Christ.

PASSAGE BIBLIQUE

Matthieu 23.27-39

AUTRES RÉFÉRENCES

Matthieu 22.15 — 23.39

VERSET À MÉMORISER

Matthieu 23.23

« Malheur à vous, scribes et Pharisiens hypocrites ! Parce que vous payez la dîme de la menthe, de l'aneth et du cumin, et que vous laissez ce qui est plus important dans la loi, la justice, la miséricorde et la fidélité : c'est là ce qu'il fallait pratiquer, sans négliger les autres choses. »

NOTES ADDITIONNELLES

Les accusations de Jésus : les hypocrites

- Empêchaient les autres de trouver le vrai chemin (23.13).
- Faisaient seulement semblant d'être justes tout en faisant le mal (23.14)
- Conduisaient ceux qui se convertissent vers la mort éternelle (23.15).
- Mélangeaient leurs valeurs (23.16).
- Étaient des légalistes (23.23).
- Suivaient des rituels (23.25)
- Ils trichaient (23.27)
- Étaient comme leurs ancêtres bien qu'ils le niaient (23.29).

INTRODUCTION

Chapitre 23 de Matthieu contient la plus dure accusation qui soit sortie de la bouche de Jésus. Les huit malheurs prononcés par Jésus étaient destinés aux scribes et aux Pharisiens, aux prêtres et leaders religieux de la nation. Plusieurs d'entre eux furent réputés pour leur cupidité et leur manque de compassion et de justice. Jésus leur dit : « Comment échapperez-vous au châtiment de la géhenne ? » (23.33). Laissez les élèves exprimer leurs sentiments concernant la leçon. Malheureusement, ce mal est présent de nos jours même dans l'église.

EXPLICATION DES PASSAGES BIBLIQUES

Obstacle à l'avancement du Royaume (Matthieu 23.27-36)

Jésus connaissait la vie quotidienne des gens. Le peuple juif blanchissait régulièrement les tombes afin que les voyageurs ne les touchent pas. S'ils les touchaient, le peuple devenait et ne pouvait pas participer aux cérémonies religieuses à Jérusalem. La vue des tombes était trompeuse. À la lumière du soleil, elles avaient une belle apparence, mais à l'intérieur, il y avait seulement des os et de la pourriture. Ces leaders paraissaient très religieux mais leurs cœurs étaient impurs, rempli par le mal. Leur conduite était un obstacle à l'avancement du Royaume des cieux sur la terre.

Le grand cœur de Dieu (Matthieu 23.37-39)

Malgré tout le mal que faisaient les scribes et les Pharisiens, Jésus désirait sincèrement leur salut. Il y avait beaucoup de compassion dans ses paroles: « ... Combien de fois ai-je voulu rassembler tes enfants, comme une poule rassemble ses poussins sous ses ailes ... » (23.37). Si en ce temps-là les gens s'étaient repentis et s'étaient tournés vers Dieu, Jésus aurait été heureux.

Comment vivons-nous notre religion ?

Cette leçon considère l'hypocrisie parmi les leaders religieux du temps de Jésus. Mais elle démontre l'attitude générale du peuple et la décision honteuse de rejeter Jésus Christ. Soyons honnêtes et sincères devant Dieu. Quel type de religion sommes-nous en train de suivre et de vivre ? Est-ce une religion du paraître — des paroles seulement ? Une vraie religion se voit à travers des bonnes actions envers nos voisins et une relation juste avec Dieu. Le chrétien qui vit cette religion est pur.

APPLICATION

Une vraie sculpture: il y a longtemps, certains sculpteurs cachaient les défauts de leurs sculptures avec de la cire. De cette façon, l'ouvrage semblait joli et se vendait facilement. Un jour, la fraude fut découverte. Depuis ce temps, avant que quelqu'un n'achète un article, il demandait à l'artiste: « est-ce que la sculpture est une vraie sculpture (sans cire) ? » le test au soleil révélait la vérité.

Nous ne pouvons pas tromper les gens toute notre vie. Lorsque le soleil de justice brille sur nous, tout mal est découvert. Il est important que notre vie soit « honnête », sans cire !

IDÉES PRATIQUES

Lisez tout ce chapitre et énumérez les accusations de Jésus faites aux Pharisiens. Faites une liste de ce qui pourrait être les accusations de Jésus contre les leaders chrétiens de nos jours ? Comment être à la hauteur ? Examinez votre caractère et votre conduite à la lumière de cette liste. Demandez l'aide du Seigneur et faites le projet de vaincre toute absence d'honnêteté dans votre vie.

THÈME 4: VIVRE LA PAROLE
LEÇON 23

La Bible: plus qu'un livre comme les autres

OBJECTIF
À la fin de cette leçon, l'étudiant(e) …

... comprendra et croira en l'inspiration absolue des Écritures.
... désirera étudier la Bible et la laisser changer leur vie.

PASSAGES BIBLIQUES
2 Timothée 3.14-17; 2 Pierre 1.20-21; Luc 24.44-47; Hébreux 4.12

AUTRES RÉFÉRENCES
Manuel de l'Église du Nazaréen - Article IV:
« Nous croyons à la pleine inspiration des saintes Écritures, c'est-à- dire les 66 livres de l'Ancien et du Nouveau Testaments donnés par inspiration divine, révélant infailliblement la volonté de Dieu à notre égard dans toutes choses nécessaires à notre salut, de telle sorte que tout ce qui n'y est pas contenu ne doit pas être prescrit comme article de foi. »

VERSET À MÉMORISER
Hébreux 4.12

« Car la parole de Dieu est vivante et efficace, plus puissante que toute épée à deux tranchants, pénétrante jusqu'à séparer âme et esprit, jointures et moelles ; elle juge les sentiments et les pensées du cœur. »

INTRODUCTION
Beaucoup de livres et de littérature qui traitent de la religion circulent dans le monde. Des gens ont prétendu que certains d'entre eux sont les meilleurs livres jamais écrits. Même des gens puissants et célèbres ont écrit et produit des livres qu'on dit les plus puissants jamais produits. D'autres livres inspirent les gens qui font certaines choses. Mais aucun d'eux n'égale la Bible !

Qu'est-ce qui fait dire que la Bible est plus qu'un livre ? Qu'est- ce qui fait qu'elle est au-dessus des autres livres de littérature religieuse ? Après tout, elle est écrite par des personnes qui ont vécu et qui sont morts comme tous les autres auteurs. En tant qu'église, nous croyons que la Bible est la Parole de Dieu et qu'elle a un but divin. Cependant, il y a des gens et des érudits qui réfutent ceci parce que pour eux la Bible est pareille à toutes les autres littératures religieuses. Aujourd'hui, nous regardons à ce qui fait que la Bible est plus qu'un livre qui traite de religion.

EXPLICATION DES PASSAGES BIBLIQUES

1. la Bible est la Parole de Dieu
Faites lire aux jeunes les passages suivants puis ensemble discutez les mots et phrases soulignés. Paul déclare: « Toute Écriture est inspirée de Dieu » (2 Timothée 3.16). Ici, une déclaration particulière est faite, la Bible est la parole de Dieu. Pierre aussi déclare: « Ce n'est nullement par une volonté humaine

qu'une prophétie a jamais été présentée, mais c'est poussés par le Saint-Esprit que des hommes ont parlé de la part de Dieu » (2 Pierre 1.20-21). Les mots soulignés et leur importance prouvent que les Écritures ne peuvent pas être attribuées aux hommes, vu qu'elles n'ont pas leur origine dans la pensée humaine, elles ne sont pas un produit humain et ne peuvent pas être expliquées par des motifs humains. À plusieurs reprises, particulièrement dans l'Ancien Testament, nous lisons que Dieu a parlé ou que l'Éternel me dit (Exode 20.1; Jérémie 13.1). Jésus Christ lui-même a cité l'Ancien Testament comme la Parole de Dieu. Il déclara aussi que Moïse et les prophètes ont écrit à son sujet et qu'il était l'accomplissement de ces Écritures (Luc 24.44-47).

2. Les personnes utilisées comme des canaux de la Parole de Dieu

Dieu utilise les personnes pour nous apporter sa Parole. Lorsque nous disons que nous croyons que la Bible est « inspirée de Dieu » et que Dieu utilise les hommes comme des canaux, ceci signifie que les auteurs de la Bible furent divinement inspirés pour écrire ce qu'ils ont écrit. De plus, sans cette inspiration, ils n'auraient pas voulu et n'auraient pas pu faire cela. Ensuite, ceci signifie qu'il y a un élément humain dans la présentation du message de Dieu.

Dieu utilise des individus pour délivrer Son message selon leur époque particulière dans l'histoire, le peuple, la culture, etc. Ainsi, l'époque et la culture affectent la façon dont le message divin est présenté. Par exemple, Matthieu écrit son évangile à l'intention des Juifs. Donc, Matthieu est divinement choisi pour présenter Jésus comme le Messie, aux Juifs, tandis que Luc est, d'autre part, mieux placé pour délivrer le message aux païens. La Parole de Dieu venu par le canal des hommes, mais ces hommes ont parlé de la part de Dieu et ils furent inspirés par lui.

3. Pourquoi avons-nous besoin de la Bible

Elle est écrite pour nous aider à connaître Dieu et sa volonté pour nous et nous conduire dans une relation vivante avec lui. Les Écritures nous « rendent sages à salut par la foi en Jésus Christ » (2 Timothée 3.14-15). Elle sert aussi à reprendre et corriger, lorsque nous nous conduisons injustement. Elle instruit les croyants pour qu'ils soient justes comme Dieu veut qu'ils soient.

« *La Bible est inspirée parce qu'elle m'inspire* » - Ceci est un proverbe populaire, plein de sagesse et il est porteur d'une telle vérité ! Aucun autre livre ne possède cette puissance. Il n'existe pas un autre livre au monde capable de transformer la vie des gens comme la Bible. Que la Bible soit vraiment la Parole de Dieu qui transforme ceux qui croient, est démontrée par les vies qu'ils vivent. Ceci a été prouvé à travers des générations.

APPLICATION

Notre réponse devant une telle vérité est de croire que la Bible est inspirée de Dieu et qu'elle est vivante et agissante. Bien qu'il contienne un élément humain concernant la façon dont nous avons reçu la Bible, le message vient directement de Dieu. Nous devons le prendre comme tel. Nous devons disposer de temps pour étudier la Bible à la maison et à l'église pour la connaître et pour qu'elle devienne vivante et agissante dans nos vies. Il n'est pas toujours facile de séparer le message du contenant. Par conséquent, il est important que nous passions du temps dans la prière pour demander au Saint Esprit de nous aider à comprendre et à défaire le contenant.

IDÉES PRATIQUES

Aidez tous les élèves à faire un emploi du temps pour la lecture de la Bible à la maison. Suggérez-leur d'y inclure un temps consacré à l'étude biblique avec d'autres croyants à l'église, et dans les cellules de prière.

THÈME 4 : VIVRE LA PAROLE
LEÇON 24

Pratiquez la parole de Dieu : soyez des pratiquants

OBJECTIF
À la fin de cette leçon, l'étudiant(e) …

… comprendra le besoin de mettre en pratique la Parole de Dieu.

… planifiera de commencer à mettre en pratique la Parole de Dieu.

PASSAGES BIBLIQUES
Marc 12.30; Jean 14.9-24; 15.1-15; 1 Jean 2.5; 5.2-3

AUTRES RÉFÉRENCES
Manuel de l'Église du Nazaréen — L'Alliance de la conduite chrétienne 27.1 :

« Ils mettront en évidence leur consécration à Dieu … En faisant ce qui est recommandé dans la Parole de Dieu, qui est à la fois notre règle de foi et de pratique … »

VERSET À MÉMORISER
1 Jean 3.9-10

« Quiconque est né de Dieu ne pratique pas le péché, parce que la semence de Dieu demeure en lui; et il ne peut pécher, parce qu'il est né de Dieu. C'est par là que se font reconnaître les enfants de Dieu et les enfants du diable. Quiconque ne pratique pas la justice n'est pas de Dieu ».

INTRODUCTION
La connaissance qui n'aide pas la personne qui la possède est sans valeur. Imaginez que quelqu'un soit considéré comme la personne la plus instruite au monde, mais que cette éducation ou cette connaissance ne lui profite d'aucune manière, cette personne aura perdu du temps, de l'énergie, et de l'argent. La même chose s'applique à nous en tant que chrétiens qui lisons, entendons et étudions la Parole de Dieu. Si elle ne nous profite pas et nous ne pouvons pas l'utiliser à bon escient, c'est que nous perdons du temps et de l'énergie.

Il y a beaucoup de gens dans le monde aujourd'hui qui proclament qu'ils sont des chrétiens. Pourtant, leurs manières de vivre ne reflètent pas la personne de Christ. Je suis sûr que nous pouvons penser à de telles personnes. Laissez les étudiants discuter brièvement sur ce qu'ils pensent proposer comme explications à ceci, puis guidez-les dans une discussion au sujet du mot chrétiens et sa signification. La vérité est que c'est un résultat de la connaissance que les gens ont de Christ, bien que leur connaissance ne leur profite pas. Dans la leçon d'aujourd'hui, nous regardons ce que signifie-t-il mettre notre connaissance en pratique.

EXPLICATION DES PASSAGES BIBLIQUES

1. Notre amour pour Dieu

Demandez à la classe d'expliquer comment ils pourraient savoir si quelqu'un les aime. Le plus grand commandement est « Aime le Seigneur ton Dieu de tout ton cœur de toute ton âme et de tout ton esprit et de toute ta force » (Marc 12.30).Un grand nombre d'entre nous clament vraiment qu'ils aiment Dieu, mais quand vient le moment de lui obéir, nous sommes peu disposés. En jean 14.15, 23, Jésus dit que si nous l'aimons, nous obéirons à ses commandements. L'obéissance et l'amour vont ensemble. Nous ne pouvons pas clamer que nous l'aimons tout en manquant de vivre selon ses commandements, et nous ne pouvons pas lui obéir à moins de l'aimer. Mettre en pratique la parole de Dieu prouve notre amour pour lui. Ce n'est pas suffisant de dire que nous savons, mais nous devons agir selon ce que nous savons.

Il y a d'étonnantes bénédictions que Jésus promet quand nous l'aimons et lui obéissons. Distribuez aux étudiants les passages bibliques à lire: Jean 14 et 15 et dites quelles bénédictions sont mentionnées là-bas (Jean 14.23; Jean 14.13; 15.7; Jean 15.4, 8). Les promesses de Dieu sont vraies.

2. Notre confiance en Dieu

Jusqu'où faites-vous confiance à Dieu ? Mettre en pratique sa Parole prouve que nous lui faisons confiance dans tout ce qu'il est et qu'il dit qu'il fera. Nous devons nous demander si nous croyons vraiment que ses voies sont parfaites. Lorsque nous croirons cela, il sera facile pour nous de suivre ses commandements même dans les situations les plus difficile. Quand Jésus fit face à une décision difficile à Gethsémané, il choisit de faire confiance à Dieu même sur le point de mourir. C'est cela mettre en pratique la Parole de Dieu. Cela signifie faire ce qu'il dit, même lorsque cela signifie donner notre vie. C'est parce que nous croyons à son dessein et à sa volonté pour nos vies.

3. La preuve du salut

Quand nous mettons en pratique la Parole de Dieu nous donnons la preuve de notre salut. Il y a certaines qualités et un mode de vie qui caractérise les disciples de Christ et ceux-ci se trouvent dans la Parole de Dieu (Jean 1 3.9-10).

Le jour où nous avions décidé de devenir des chrétiens, nous choisissons de devenir des disciples de Christ. Par conséquent on attend de nous que nous imitions ce que l'Écriture nous enseigne.

APPLICATION

Lorsqu'il s'agit de mettre en pratique la Parole de Dieu, la question principale est combien aimons-nous vraiment Dieu ? Jusqu'où faisons-nous vraiment sa volonté et son dessein pour nos vies ? Quand nous répondons honnêtement à cette question dans nos vies, nous découvrirons qu'il est possible de faire sa volonté. Notre obéissance est le résultat du plus grand commandement.

Si vous luttez pour obéir à la Parole de Dieu, examinez votre cœur en posant ces questions: est-ce que j'aime vraiment Dieu ? Est-ce que je lui fais confiance pour ma vie ? Demandez à Dieu de vous aider à atteindre un point où vous aurez un amour consumant pour lui et de la confiance.

IDÉES PRATIQUES

Encouragez la classe à prendre un passage dans leur lecture de la bible et de le mettre en pratique (ou faire comme le passage l'indique) durant cette semaine. Nous l'appelons, « vivre par la Parole ». La semaine prochaine avant le début de la leçon, demandez combien d'entre eux ont été capables de « vivre par la Parole ».

THÈME 4: VIVRE LA PAROLE
LEÇON 25

Pratiquez la parole de Dieu : des imitateurs de Dieu

OBJECTIF
À la fin de cette leçon, l'étudiant(e) …

… comprendra ce que signifie imiter Dieu.

… aura un profond désir d'imiter Dieu.

PASSAGES BIBLIQUES
Éphésiens 4.17 — 5.2; 2 Corinthiens 2.14-16; Philippiens 4.14-19

AUTRES RÉFÉRENCES
Manuel de l'Église du Nazaréen — Alliance du caractère chrétien

VERSET À MÉMORISER
2 Corinthiens 2.14

> « Grâces soient rendues à Dieu, qui nous fait toujours triompher en Christ, et qui répand par nous en tout lieu l'odeur de sa connaissance ! »

INTRODUCTION

La semaine dernière nous avions vu comment la mise en pratique de la parole de Dieu prouve que nous aimons Dieu et mettons notre confiance en lui. Notre amour pour Dieu et notre confiance en Dieu sont la preuve de notre relation avec les autres. Quand Jésus enseignait en marc 12.30 - 31, il a joint l'amour du prochain comme le deuxième et plus grand commandement. Ceci démontre qu'aimer son prochain est un développement normal par amour pour Dieu. Dans cette leçon nous en étudions le sens.

EXPLICATION DES PASSAGES BIBLIQUES

1. « Comme »

Désignez un jeune pour lire Éphésiens 4.32 — 5.2. Soulignez ou mettez l'accent sur le mot « Comme ». Si vous l'avez remarquée, l'expression est employée deux fois dans les trois versets. Demandez aux jeunes ce que signifie l'expression pour eux. Écrivez tous les définitions ou exemples qu'ils donnent.

Quand nous devenons des chrétiens nous devons nous « dépouiller » de la « vieille nature » et « revêtir la nature nouvelle, créée selon Dieu dans une justice et une sainteté » (Eph.4.21-24). Notre « nature nouvelle » doit être semblable à Dieu. Il doit y avoir une ressemblance qui prouve que nous sommes en effet des enfants de Dieu. Jésus, quand il vivait sur la terre, nous a montré à quoi ressemblait Dieu puis il nous a enseigné ce que Dieu attendait de ceux qui sont ses enfants. Nous devons imiter cela dans notre marche quotidienne.

Comment Christ a-t-il montré les qualités que d'après Paul nous devons imiter ? Demandez à la classe de donner des exemples de ce qui suit, tirés de la vie de Christ: aimable; compatissant; aimant; miséricordieux. La façon d'imiter Dieu est d'agir « comme » Christ a agi.

- Comme aimable- il ne faisait pas de discrimination, son amabilité s'étendait à tous; aux pécheurs et à ceux qui clamaient être justes comme lui.
- Comme compatissant - quand les gens avaient faim il les nourrissait, quand ils étaient malades il les guérissait.
- Comme aimant - il a tellement aimé qu' « il a donné sa propre vie pour ses amis ».
- Comme miséricordieux - il a pardonné même à ceux qui l'ont crucifié.

Ce que l'on espère de nous, ce n'est rien de moins que ceci.

2. Une offrande de bonne odeur

Ce que Jésus a fait: son action aimable, compatissante, aimante et miséricordieuse sur la croix fut une offrande de bonne odeur et un sacrifice à Dieu. Dans l'Ancien Testament, lorsqu'un sacrifice était agréable à Dieu, on disait que c'était un « parfum de bonne odeur ». La vie de service de Paul est décrite comme un « parfum de Christ » (2 Corinthiens 2.14). Partout où il allait, Paul répandait le parfum de la connaissance du Christ.

APPLICATION

Le Christ a vécu une vie qui nous a laissé une image claire de ce qu'il attend de ses disciples. Quand nous servons les autres dans un esprit de sacrifice comme Christ l'a fait, nous aussi, nous devenons un parfum de Christ pour Dieu.

Paul décrit également le don de l'église de Philippes comme une « offrande de bonne odeur, un sacrifice que Dieu accepte et qui lui est agréable » (Phil.4.18). Notre service sacrificiel envers les autres inclut l'action de donner en sacrifice notre temps, nos talents et nos possessions pour l'avancement de l'œuvre de Dieu.

IDÉES PRATIQUES

Chaque jour, choisissez une des qualités discutées ci-dessus, et cherchez des occasions de les mettre en pratique.

Choisissez un ministère dans l'église auquel vous allez donner dans un esprit de sacrifice durant ce mois.

Lisez et étudiez *l'Alliance du caractère chrétien*.

THÈME 4 : VIVRE LA PAROLE
LEÇON 26
Écartez-vous du mal : haïssez-le !

OBJECTIF
À la fin de cette leçon, l'étudiant(e) …

… comprendra le sens de l'intégrité.

… désirera être une personne d'intégrité.

PASSAGES BIBLIQUES
Job 1.1 ; 2.9

AUTRES RÉFÉRENCES
Romains 12.9 ; Proverbes 8.13 ; Psaumes 5.4 ; 1 Thessaloniciens 5.21- 22 ; 2 Timothée 2.22

VERSET À MÉMORISER
1 Thessaloniciens 5.21- 22

« Mais examinez toutes choses ; retenez ce qui est bon ; abstenez-vous de toute espèce de mal. »

INTRODUCTION
Le monde dans lequel nous vivons est mauvais.

Quotidiennement, il semble que le mal devient de plus en plus endémique. Bien que le monde cherche la qualité et veut des personnes dotées de valeurs positives, il semble justement que le mal et la méchanceté dominent et sont érigés en norme. Y a-t-il un espoir pour notre monde aujourd'hui ? Nous en tant que chrétiens, sommes l'espoir de ce monde mauvais. Bien que nous vivions dans un monde mauvais, nous sommes appelés à vivre une vie sainte qui combat la méchanceté dans notre monde. Comment le fait de vivre une vie sainte peut-il combattre le mal ? La réponse est simple : les personnes saintes détestent le mal et elles l'éviteront et le combattront partout où elles le voient.

Initiez une discussion autour de ces questions avec la classe : si les étudiants devaient choisir un conjoint/partenaire quel genre de personne choisiraient-ils ? S'ils avaient un business quel genre de personne embaucheraient-ils ? S'ils devaient choisir un leader dans la communauté, pour qui voteraient-ils ? Suivez leurs réponses avec des « pourquoi » particulièrement s'ils disent « un chrétien ». Les idées soulignées dans les réponses et que vous noterez sont : Bonnes valeurs morales ; bonnes manières ; doté de principes et intègre.

EXPLICATION DES PASSAGES BIBLIQUES
Faites lire à un membre Job 2.9. L'épouse de Job accuse Job d'être quelqu'un d'intègre. Elle ne comprend pas pourquoi il tient à son intégrité, naturellement et selon elle, il est justifié en compromettant ses principes ici. Discutez avec la classe ce que signifie être une personne intègre.

Il y a quatre choses qui font de Job un homme intègre. Demandez à un autre étudiant de lire Job 1.1. Que le reste du groupe souligne les mots pendant la lecture du verset : intègre, droit, craignait Dieu et s'écartait du mal. Laissez la classe discuter sur la signification des mots selon eux. Le monde dans lequel nous vivons a besoin des personnes qui possèdent ces qualités. Certains des mots qui définissent l'intégrité sont: Honnêteté, véracité, Honneur véracité, fidélité, droiture.

Tout ce dont nous avons discuté jusqu'ici est positif. C'est l'opposé du mal, quelque chose que nous devrions être. Cependant, il y a un autre principe d'intégrité qui doit être souligné; s'écarter du mal ne signifie pas tolérer ou supporter le mal. Ceci signifie ne faire aucune concession au mal. S'écarter du mal signifie également lutter et s'opposer verbalement au mal. Ce n'est pas suffisant de dire nous sommes saints et ensuite fermer les yeux, lorsque nous voyons le mal en train d'être fait. Certains justifient leur refus de s'impliquer par le fait que le mal qui est fait ne les affecte pas. Ce n'est pas une attitude appropriée pour un chrétien. Que se passerait-il, si Jésus n'avait fait rien au sujet de notre péché parce que cela ne l'affecte pas ? Ne serait-ce que parce que nous sommes véridiques, notre rôle est d'influencer ceux que nous pouvons influencer pour qu'ils soient aussi véridiques que nous.

APPLICATION

Il est facile de penser et de dire ce sont mes valeurs et mes principes. Mais c'est une autre chose de les mettre réellement en pratique, particulièrement quand nous subissons une pression. Être une personne intégré signifie se tenir dans la vérité, même lorsque personne ne nous observe. Ceci signifie vous accrocher à ce que vous croyez, malgré la pression, même si ça signifie perdre la face devant vos amis ou vos collègues.

Donnez un exemple dans votre contexte où les gens sont obligés d'être malhonnêtes, (par exemple dans ma communauté, les policiers chargés de réglementer la circulation aiment les pots de vin, et si vous les subornez, ils vous donnent une énorme contravention. Donc, il est facile de les suborner et quelques chrétiens le font).

Il est regrettable de dire cela, même en tant que chrétiens, nous essayons de justifier pourquoi nous nous compromettons. Là où je suis, j'ai entendu des jeunes gens dire que « Dieu comprend ». Il y a une vérité simple dans le livre de Proverbes 8.13 « La crainte de l'Éternel, c'est la haine du mal… » (emphase ajouté). Donc, si nous sommes sérieux au sujet de la croissance dans la grâce, nous ne pouvons pas nous permettre de trouver des excuses pour expliquer pourquoi nous n'avons pas de principes ou pourquoi nous nous compromettons.

IDÉES PRATIQUES

Suggérez à la classe de penser à un domaine de leurs vies où ils ont tendance à être malhonnêtes. Demandez-leur de prier silencieusement pour ce sujet, de se repentir et de s'engager à trouver des moyens de croître dans la direction opposée.

THÈME 4 : VIVRE LA PAROLE
LEÇON 27

Écartez-vous du mal : le péché ne sera pas votre maître

OBJECTIF
À la fin de cette leçon, l'étudiant(e) …

- … comprendra l'impact des habitudes pécheresses sur sa croissance en tant que chrétiens.
- … réalisera la nécessité de se débarrasser d'elles.
- … réalisera qu'avec l'aide de Dieu ils peuvent quotidiennement vaincre le péché dans sa vie.

PASSAGES BIBLIQUES
1 Corinthiens 6.12-20 ; 10.23 ;

AUTRES RÉFÉRENCES
Romains 6.12-14 ; Éphésiens 4.26 ; Matthieu 6.24 ; 1 Timothée 6.10 ; Éphésiens 5.5 ; 6.1 ; 1 Samuel 15.23 ; Galates 5.20 ; 2 Timothée 1.7

VERSET À MÉMORISER
1 Corinthiens 6.19-20

« Ne savez-vous pas que votre corps est le temple du Saint Esprit qui est en vous, que vous avez reçu de Dieu, et que vous ne vous appartenez point à vous-mêmes ? Car vous avez été rachetés à un grand prix. Glorifiez donc Dieu dans votre corps et dans votre esprit, qui appartiennent à Dieu. »

NOTES ADDITIONNELLES

Vous pouvez être disciplinés

Dites et efforcez-vous dans la prière de mettre en pratique les déclarations suivantes ou similaires :

- Je ne dormirai pas quand ce sera l'heure de prier
- Je ne mangerai pas tant que ce ne sera le moment de manger
- Je n'aurai pas de relations sexuelles tant que ce ne sera pas le temps
- Je ne serai pas outragé.

Toutes ces déclarations constituent la première étape, mais il est crucial que vous puissiez personnellement vous discipliner dans ces domaines.

INTRODUCTION

Les jeunes ont la passion de servir Dieu, pourtant ils sont liés à des choses qui ne glorifient pas Dieu. Certaines habitudes et attitudes pécheresses sont évidentes tandis que d'autres sont très subtiles et peuvent leur donner le moyen de se justifier.

Dites à la classe d'identifier et d'énumérer quelques habitudes et pratiques qui sont communes mais ne plaisent pas à Dieu. Dans la leçon aujourd'hui, nous examinons minutieusement certaines de ces habitudes.

EXPLICATION DES PASSAGES BIBLIQUES

Prenez le temps de lire 1 Corinthiens 6.12-20 et 10.23. Il y a beaucoup de choses qui sont permises, mais tout n'est pas utile et tout n'est pas édifiant. Laissez la jeunesse suggérer des choses qui d'après eux ne sont pas mauvaises en soi (amoral) mais qui ne sont ni utiles, ni édifiantes, (par exemple regarder les sports, jouer à des jeux d'ordinateur).

Ce que la Bible nous enseigne dans ces passages est que nous devons traiter notre corps comme une chose sacrée; c'est l'habitation du Saint-Esprit. Ce n'est pas parce qu'on nous permet de faire une chose qu'il faut le faire. Nous devons nous arrêter et nous demander si ce que nous faisons honore celui que nous avons autorisé à habiter en nous.

Dieu a créé notre corps avec ses désirs. Le problème survient à partir du moment où la nourriture, le sommeil ou le jeu commence à nous contrôler, lorsque nous laissons ces activités qui, quand bien même, elles ne sont pas des péchés, nous pousser à déshonorer Dieu. L'erreur que la plupart d'entre nous commettons est de laisser notre corps nous dicter notre manière de vivre. Paul était déterminé à ne pas « se laisser asservir par quoi que ce soit » (v.12). Nos désirs deviennent un problème, lorsqu'ils commencent à contrôler nos vies comme de petits Dieux, à un point tel que nous ferions n'importe quoi pour les satisfaire. Considérons certaines habitudes contre lesquelles beaucoup de jeunes luttent.

Immoralité sexuelle — la sexualité en soi n'est pas mauvaise. En fait, le sexe a été créé par Dieu pour la jouissance et la reproduction. Le sexe devient un péché, lorsqu'on s'en sert pour contrer la volonté et le plan de Dieu qui est pour un homme et une femme unis dans le mariage. Lorsqu'il est question de sexe en dehors de cette union, c'est un péché. Considérez ce que Paul dit dans 1 Corinthiens 6.13, 18. L'immoralité sexuelle est un péché contre Dieu d'abord, ensuite contre soi-même.

Abus des substances — Notre corps est le temple du Saint-Esprit, nous devons le traiter comme tel. Toutes les fois que nous nous laissons tenter par des substances connues pour leurs effets destructeurs sur notre bien-être physique et mental, nous traitons avec irrespect le Saint-Esprit et déshonorons ce que Dieu a consacré comme sacré. Donc, les chrétiens doivent éviter de telles substances.

La cupidité (inclut l'amour de l'argent) — Jésus a averti que nous ne pouvons pas adorer deux maîtres - Dieu et l'argent. Paul a également enseigné que l'amour de l'argent est la racine de tous les maux (Matthieu 6.24; 1 Timothée 6.10; Éphésiens 5.5).

La rébellion — beaucoup de jeunes luttent pour obéir à leurs parents. Nous voulons sortir, nous amuser et ne comprenons pas lorsque nos parents nous contraignent à certaines choses. Certains d'entre nous se servent de l'église comme une excuse pour faire ce qui leur plaît. Ce n'est pas de la piété ! Lisez Éphésiens 6.1 et 1 Samuel 15.23.

La fureur - devient une norme dans notre société. Nous entendons parler de la fureur dans les écoles, les lieux de travail et sur les routes. La Bible indique que les accès de fureur sont des actions de la nature pécheresse (Galates 5.20). Ceci signifie-t-il que nous ne devons pas être en colère ? Lisez Éphésiens 4.26.

APPLICATION

Il y a beaucoup d'autres habitudes que les jeunes ont et qui n'honorent pas Dieu. Nous avons seulement mentionné quelques-uns ci-dessus, d'autres habitudes que nous devons explorer concernent le domaine des jeux, de la pornographie et d'autres habitudes qui créent, la dépendance. Si une habitude, une activité ou un événement dans ta vie n'honore pas Dieu, tu dois l'éviter. Si un passe-temps ou un divertissement commence à vous contrôler - vous devenez malheureux et outragé, parce que ça vous manque - veillez, le péché frappe à votre porte. En tant que chrétiens, nous devons avoir un certain contrôle sur nous-mêmes et honorer Dieu avec nos corps (2 Timothée 1.7).

IDÉES PRATIQUES

Laissez les jeunes réfléchir sur un passe-temps ou une habitude qui d'après eux, les contrôle. Aidez-les à élaborer un plan pratique pour se former et se discipliner. Faites régulièrement le suivi, afin de les mettre devant leur responsabilité concernant leurs plans.

THÈME 4 : VIVRE LA PAROLE
LEÇON 28

Demeurant dans la communion : dois-je faire partie de l'église locale ?

OBJECTIF
À la fin de cette leçon, l'étudiant(e) …

- … Comprendra l'importance de faire partie d'une église locale.
- … Désirera de s'engager activement dans sa mission et son but.

PASSAGES BIBLIQUES
Éphésiens 2.19-22 ; 4.16 Colossiens 3.16 ; Galates 6.2 ; 1 Pierre 2.4-5

AUTRES RÉFÉRENCES
Manuel de l'Église du Nazaréen

VERSET À MÉMORISER
Hébreux 10.24-25

« Veillons les uns sur les autres, pour nous exciter à la charité et aux bonnes œuvres. N'abandonnons pas notre assemblée, comme c'est la coutume de quelques-uns ; mais exhortons-nous réciproquement, et cela d'autant plus que vous voyez s'approcher le jour. »

NOTES ADDITIONNELLES
« L'église est composée de toutes les personnes qui acceptent Jésus-Christ comme Seigneur. Elles sont entrées dans une relation d'alliance avec Dieu par la nouvelle naissance et sont devenues membres du Corps du Christ. L'Église exprime sa vie par le culte collectif, la prédication de la Parole de Dieu, la participation aux sacrements, l'obéissance à Christ et l'encouragement mutuel dans la vie chrétienne… L'Église existe en tant que congrégations locales, et Corps universel, et elle exprime sa vie et son adoration de différentes manières, dans différentes cultures… »

Un sacrement — c'est un moyen de participer à la grâce de Dieu

INTRODUCTION
J'ai entendu que beaucoup de personnes disent qu'elles croient en Dieu, mais elles ne fréquentent aucune église. Pour elles, la foi en Dieu est plus importante, et faire partie d'une église locale n'est pas essentiel. En fait, certains soutiendraient que le mieux serait d'éviter la politique d'église. Demandez à la classe, s'ils connaissent de tels cas et comment ils répondraient à quelqu'un qui a cette attitude. Peut-on justement visiter plusieurs églises sans être engagé dans aucune église locale particulière ? A-t-on besoin d'appartenir à une église particulière et d'en être un membre ? Parlons de l'importance de faire partie d'une église locale.

EXPLICATION DES PASSAGES BIBLIQUES

L'extrait du Manuel du membre de l'Église du Nazaréen (ci-dessous), prouve que l'église est à la fois une congrégation locale et un corps universel. En remontant la Bible, nous voyons que depuis la Pentecôte, les croyants se réunissaient constamment en tant que congrégations locales.

La congrégation locale nous aide et nous édifie à faire partie de l'Église universelle et du Royaume de Dieu. Éphésiens 2.19-22; 4.16 et 1 Pierre 2.4-5 parlent de la façon dont nous sommes édifiés en une maison spirituelle. Dieu utilise la congrégation locale pour la réaliser. Certaines responsabilités de l'église locale pour accomplir ce but comprennent :

L'administration des sacrements

Le baptême et la sainte cène sont deux sacrements importants dans l'église. Si vous deviez continuer en tant que visiteur, il vous serait difficile de participer à une seule d'entre elles. Beaucoup d'églises programment ces événements, saurez-vous même où et quand aller et être témoin ou en faire partie. Le sacrement nous rappelle l'œuvre du Christ dans nos vies et notre réponse à cette œuvre. C'est un temps formidable pour nous approcher plus près de Dieu.

Une nourriture spirituelle

Une autre responsabilité de la congrégation locale est de donner la nourriture spirituelle au moyen d'une adoration et d'une étude de la Bible. Lisez Colossiens 3.16. Ce verset souligne l'importance de communier ensemble. Oui, nous pourrions soutenir que nous étudions la Parole à la maison, mais plus nous communions ensemble, plus l'occasion est grande de faire comme on nous commande ici.

La responsabilité des croyants

Une chose qui explique que beaucoup de personnes ne veulent pas faire partie d'une congrégation locale est qu'elles ne veulent pas être tenues pour responsables de leurs actions. Si nous ne sommes membres dans aucune église particulière, personne ne nous tiendra pour responsables de nos actions. À cet égard, une congrégation locale est une bénédiction parce qu'elle a la responsabilité et l'autorité de nous tenir pour responsables. Jésus en Matthieu 18.15-17 a révélé cette vérité.

Le soutien spirituel

Il y a beaucoup d'obstacles que nous rencontrons en ce monde. Souvent dans les moments difficiles, nous avons besoin de quelqu'un pour marcher avec nous, nous soutenir et prier avec nous. Imaginez si vous ne faites partie d'aucune église locale particulière, vers qui vous tournerez-vous, quand vous aurez besoin de soutien. En tant que membre d'une congrégation locale, cet avantage est immédiat car elle est votre famille spirituelle. Le pasteur avec l'église, sentent et ont la responsabilité de le faire, parce que nous « portons les fardeaux les uns des autres… » (Galates 6.2).

Une famille semblable à une structure

La congrégation locale sert de structure qui unit des membres dans une unité identique à la famille. Le pasteur, travaillant avec d'autres leaders, remplit le rôle d'un « parent » qui nourrit les membres. Ils s'assureront que les responsabilités, les avantages mentionnés ci-dessus soient pris en compte.

Être un membre d'une église locale, nous donne un sentiment d'appartenance. Nous ne pouvons pas être des chrétiens qui vivent dans l'isolement. Nous ne sommes pas des îles. Nous sommes unis ensemble en Christ.

APPLICATION

Chaque croyant doit trouver et s'engager dans une « maison spirituelle » où ils trouveront les avantages ci-dessus et plus. Chaque aspect de la vie humaine, l'église y compris, connaît des conflits, mais nous ne baissons pas les bras dans la vie juste à cause de cela. Prenons les paroles d'Hébreux 10.24-25 et aidons, afin de trouver des solutions même aux conflits.

IDÉES PRATIQUES

Demandez à la classe quels sont leurs sentiments au sujet de leur église locale. Ont-ils le sentiment que c'est leur maison spirituelle ? Sinon, que peuvent-ils faire avec celle-ci, afin de se sentir comme chez eux. S'ils sont à la maison, que peuvent-ils faire pour influencer des visiteurs et des associés à choisir leur église locale comme leur maison spirituelle ?

THÈME 5 : C'EST LA SAGESSE — SELON LES CRITÈRES DE DIEU

LEÇON 29

La vraie sagesse

OBJECTIF
À la fin de cette leçon, l'étudiant(e) …

- … réalisera que la vraie sagesse est un don que Dieu donne à ceux qui la lui demandent.
- … réalisera que c'est le devoir du chrétien de chercher la sagesse concernant toutes les décisions de la vie.

PASSAGE BIBLIQUE
Proverbes 2.1-15

AUTRES RÉFÉRENCES
Job 28.12-28; Psaumes 19.7-14; Proverbes 1-2; 9.1-12; Ecclésiaste 9.13-18; Jacques 1.5

VERSET À MÉMORISER
Jacques 3.17

« La sagesse d'en haut est premièrement pure, ensuite pacifique, modérée, conciliante, pleine de miséricorde et de bons fruits, exempte de duplicité, d'hypocrisie. »

NOTES ADDITIONNELLES

Une forme de littérature
Les livres connus sous le nom de livres de la sagesse incluent Job, Proverbes et Ecclésiaste. Parfois les Psaumes et le Cantique des Cantiques de Salomon sont ajoutés à ces trois pour former les livres de poésie et de sagesse de l'Ancien Testament. Dans le Nouveau Testament, l'Épître de Jacques est considérée comme une littérature de la sagesse.

Les écrivains sages
Les sages d'Israël incluent:

- les prêtres qui guidaient l'adoration formelle en Israël, les sacrifices et autres ministères dans le temple;
- les scribes, comme Esdras, étudiaient et expliquaient les Passages bibliques sacrées; et 3) les prophètes qui recevaient la révélation de Dieu et la proclamaient au peuple.

La source de la sagesse
La sagesse de la bible explique les problèmes du monde comme Dieu les voit.

La sagesse des Hébreux
Elle est venue de Dieu. Le sage est un penseur qui croit que Dieu est le créateur et le législateur de l'univers. Le sage étudie la nature créée par Dieu, utilisant l'esprit que le Seigneur lui a donné.

INTRODUCTION

L'homme cherche toujours la sagesse. Finalement, il trouve Dieu, le créateur. Dieu veut que son peuple soit sage. Dans le passé, il a inspiré des hommes qui ont écrit des livres comme Proverbes, Job et Ecclésiaste, connus dans la Bible comme la littérature de la sagesse.

Parlez de la valeur de la sagesse et des avantages qu'elle donne à tous ce qui la possèdent. Écrivez et expliquez les trois niveaux d'étude: La connaissance, la compréhension et la sagesse.

C'est Dieu qui donne la sagesse. Il donne libéralement à tous ceux qui demandent avec foi et confiance en lui. Encouragez les jeunes à chercher la vraie sagesse - celle qui vient de Dieu, en lisant et en étudiant la Parole de Dieu, en priant pour la direction de Dieu dans toutes les étapes de leur vie et en pratiquant leur foi quotidiennement.

Lisez Proverbes 2.1- 5. La sagesse qui nous parle dans ce passage représente Dieu. Il s'adresse à nous comme « mon fils » ou « ma fille ».

EXPLICATION DES PASSAGES BIBLIQUES

1. Les conseils d'un père

Salomon était le fils du Roi David. Il devint roi d'Israël selon le plan de Dieu. Bath-Shéba fut sa mère. Le prince, Salomon, était jeune et inexpérimenté, peut-être craintif de devoir gouverner une si grande nation. Salomon suivit les conseils de son père (1 Rois 2.2- 3; 1 Chroniques 28.9, 20).

2. Une demande sage

Quand Dieu demanda à Salomon ce qu'il voulait, celui-ci demanda la sagesse pour gouverner Israël (2 Chroniques 1.10- 12). Sa demande plut à Dieu qui répondit au désir de son cœur. Pendant les 40 années de son règne, il obtint des richesses, la renommée, la gloire et la sagesse parce que Dieu était avec lui. Le peuple se multiplia et prospéra également.

3. Les proverbes de Salomon

Selon la coutume dans les pays du Moyen-Orient, les parents préparaient leurs enfants à la vie par des conseil, des dictons ou proverbes. Proverbes 1.2-4 affirme l'intention derrière ces dictons.

La plupart des proverbes ont été écrites par Salomon. Il n'a pas écrit les chapitres 22.17 - 24.34; 30 et 31. Tous les auteurs furent choisis et inspirés par Dieu pour nous guider dans une vie quotidienne de dévotion à Dieu.

Les versets 1-4 du chapitre 2 nous exhortent à recevoir la Parole de Dieu, à garder ses commandements et à être attentifs à la sagesse. La récompense est identifiée dans les versets 5-9: Nous comprendrons la crainte de Dieu et nous parlerons dans sa connaissance. Si nous demandons la sagesse de Dieu, il la donnera. La sagesse n'est pas seulement la connaissance intellectuelle; elle est plus que ça; elle nous aide et nous guide dans la vie.

4. Comment recevons-nous la sagesse ?

Nous pouvons recevoir la sagesse en faisant les choses suivantes: a) Suivre les conseils de ceux qui vous aiment: parents, enseignants et pasteur; b) Utiliser votre volonté pour choisir la bonne chose; c) Prier quotidiennement; d) Suivre les conseils de Proverbes 1.10; e) Se rappeler ce que Dieu a dit dans Proverbes 1.33.

APPLICATION

Une pensée: « Il y a certains privilèges dont seul le chrétien peut jouir. Un des privilèges est de recevoir la sagesse et les conseils de Dieu. » — Billy Graham

IDÉES PRATIQUES

Dieu donne la sagesse à ceux qui lui demandent avec foi (Jacques 1.5). Faites-le simplement.

THÈME 5: THÈME 5: C'EST LA SAGESSE — SELON LES CRITÈRES DE DIEU

LEÇON 30

Recherchez la sagesse

OBJECTIF

À la fin de cette leçon, l'étudiant(e) …

… comprendra que Dieu est la source de la vraie sagesse.

… réalisera que nous devons obéir à ses commandements qui sont dans la Bible.

PASSAGES BIBLIQUES

Proverbes 3.1-18

AUTRES RÉFÉRENCES

Proverbes 3-5

VERSET À MÉMORISER

Proverbes 3.5-6

« Confie-toi en l'Éternel de tout ton cœur, Et ne t'appuie pas sur ta sagesse; reconnais-le dans toutes tes voies, Et il aplanira tes sentiers. »

NOTES ADDITIONNELLES

Essayez de comprendre les commandements et les principes dans la leçon, de sorte que vous puissiez aider vos élèves à les comprendre. Expliquez ce qui suit:

Que signifie garder les commandements de Dieu ?

C'est répondre avec toute sa, pensée, ses émotions et sa volonté. C'est la réponse qui plait à Dieu. Christ doit être le Seigneur de tout - un engagement nécessaire dans l'Ancien et le Nouveau Testaments (Deutéronome 6.5; Marc 12.30).

Qu'est-ce que le parallélisme ?

Pour comprendre les Proverbes et la poésie hébraïque, nous devons connaître le principe du parallélisme. Dans la littérature moderne, pour souligner l'importance d'une chose, nous répétons l'idée avec différents mots. Les écrits des Hébreux ont exprimé la même idée en forme parallèle à partir de: « Que ton cœur garde mes commandements » (3.1); « écris-les sur la table de ton cœur » (3.3). Le parallélisme n'ajoute pas une nouvelle idée; il renforce seulement la précédente. Essayez de trouver quelques une de ces constructions parallèles dans le chapitre 3.13-18.

Que signifie l' « accomplissement de la vie » ?

Servir Dieu est le plus grand des accomplissements et le plus grand bonheur dans la vie. Un sage sait que servir Dieu comble tous les besoins de l'âme.

Que signifie participer à la sainteté de Dieu ?

Proverbes 3.11-12 est répété et expliqué dans Hébreux 12.5-13. (Lire le passage). Peut-être vous vous demandez: Pourquoi Dieu punit-il ? La réponse semble étrange et peut être difficilement acceptée. Mais Dieu punit de sorte que nous puissions recevoir sa sainteté. Dieu agit comme le père qui punit le fils pour l'aider à identifier son erreur et à l'éviter à l'avenir pour le bien de son âme.

INTRODUCTION

Dans Proverbes, les commandements de vivre une vie qui soit agréable à Dieu sont repris plusieurs fois, à cause de leur importance. Dans le leçon du jour, on remarque six d'entre eux: 1) nous devons aimer Dieu de tous nos cœurs; 2) si nous acceptons la sagesse de Dieu, elle prolongera la vie; 3) l'amour de la vérité rend la vie meilleure; 4) nous ne devons pas placer le jugement humain au-dessus de la sagesse de Dieu; 5) partager mes biens avec l'œuvre de Dieu rend ma vie meilleure; 6) le père céleste me corrige afin de me rendre semblable à lui.

EXPLICATION DES PASSAGES BIBLIQUES

1. Sagesse et correction

La famille, l'église et l'école ont besoin de beaucoup de sagesse de la part de Dieu pour faire face à la rébellion des enfants contre l'autorité des parents. Des gens défendent la totale liberté de l'enfant et disent qu'il ne doit pas être corrigé. L'idée selon laquelle le père qui aime son enfant ne doit pas le punir n'est pas biblique. Chaque enfant doit être corrigé. Les enfants doivent être reconnaissants lorsque les parents les corrigent, parce qu'ils les aident à apprendre la différence entre le bien et le mal ainsi que la Bible l'indique dans Proverbes 3.11-12. La sagesse conseille que l'enfant doit être corrigé avec amour.

2. La correction de Dieu

La conclusion du verset 12 nous indique que 1) Dieu punit ceux qu'il aime; 2) nos parents nous punissent parce qu'ils nous aiment; 3) Dieu nous invite à accepter sa sagesse. Dieu veut guider des personnes vers le bien. Par la correction nous pouvons comprendre que Dieu nous aime et que pour cette raison, il nous réprimande. Nous avons besoin de sa sagesse pour comprendre la vraie signification de la correction. Dieu nous encourage à lui faire confiance plutôt que de nous fier dans nos propres valeurs, parce qu'il sait ce qui est mieux pour nous (Proverbes 3.5-7).

3. Corriger avec amour

Quand un père corrige ses enfants, il sait qu'il va leur faire mal. Lui aussi souffre lorsqu'il applique la punition/correction. C'est pareil pour Dieu. Quand notre père céleste nous corrige, son cœur souffre mais il sait aussi que la correction est pour notre bien. Quand il envoya Jésus pour mourir à notre place, Dieu a souffert parce qu'il a envoyé son Fils souffrir la douleur de la crucifixion. Cependant sans la mort de notre Seigneur, le péché n'aurait pas été vaincu. Appliquez la vérité de ces versets sur la correction du Seigneur, à notre famille.

APPLICATION

Comprendre que la correction et la punition de Dieu sont une marque de son amour pour nous peut nous aider à apprécier la mort de Jésus pour nous sur la croix. Identifiez et acceptez la correction de Dieu avec amour, car elle vous est imposée avec beaucoup d'amour et pour votre bien.

IDÉES PRATIQUES

Trouvez les versets bibliques relatifs à ces commandements. Personnalisez-les et gardez-les et ensuite, suivez et réjouissez-vous de chaque accomplissement sans tenir compte de la taille.

- Aimez Dieu de tout votre cœur;
- Adhérez à la sagesse de Dieu, elle prolongera votre vie;
- L'amour de la vérité rend la vie meilleure;
- Ne placez pas le jugement humain au-dessus de la sagesse de Dieu;
- Partager mes biens avec l'œuvre de Dieu rend ma vie meilleure;
- Le Père céleste me corrige, afin de me rendre semblable à lui.

THÈME 5 : C'EST LA SAGESSE — SELON LES CRITÈRES DE DIEU

LEÇON 31

Qui est sage ?

OBJECTIF

À la fin de cette leçon, l'étudiant(e) …

… comprendra qu'accepter Christ comme Sauveur est une décision que chaque personne doit prendre.

… remerciera Dieu parce qu'il nous révèle ses objectifs pour nos vies.

… décidera d'accepter Jésus-Christ comme leur Sauveur personnel.

PASSAGES BIBLIQUES

Proverbes 8.32 — 9.12

AUTRES RÉFÉRENCES

Proverbes 6 à 9

VERSET À MÉMORISER

Luc 21.15

« Car je vous donnerai une bouche et une sagesse à laquelle tous vos adversaires ne pourront résister ou contredire. »

NOTES ADDITIONNELLES

Définitions

La connaissance est l'intellect. Elle fournit l'information, présente des faits et conçoit des plans. Elle sait ce que la parole de Dieu dit. Elle sait également ce qu'il faut faire et ce qu'il ne faut pas faire.

L'intelligence répond à la vérité. L'esprit dit que la Parole de Dieu EST vraie et le jugement confirme que c'est juste.

La sagesse est la vérité qui vient de l'expérience. Elle connaît et comprend les principes établis dans la Parole de Dieu et les applique à la vie de tous les jours. La sagesse voit le monde et ses problèmes de la même manière que Dieu les voit. Elle essaie de trouver et de poursuivre le but de la création de Dieu et non de la détruire.

Comparez la sagesse de Proverbes 8.22-31 avec Jean 1.1-4.

INTRODUCTION

Une personne paresseuse n'est pas disposée à travailler. Personne n'aimerait que les gens reconnaissent sa paresse. Si nous pensons à nos actions quotidiennes, nous verrons que tout ce que nous faisons a besoin de l'action de la volonté (force de volonté). Si nous voulons un bon repas, nous devons faire la cuisine. Si nous voulons avoir une bonne éducation et obtenir un diplôme, nous devons aller à l'école, étudier et passer tous les examens. Des plus petites choses aux plus grandes choses, la force de volonté est nécessaire. Les fourmis nous enseignent au sujet de la volonté. Elles n'ont pas un capitaine, ni un gouverneur, mais elles travaillent pendant tout l'été rassemblant la nourriture pour l'hiver (Proverbes 6.6- 8) ! N'importe quel jeune peut se préparer pour l'avenir. Celui qui travaille dur afin d'obtenir une bonne récolte, se réjouira du fruit de ses efforts. Le chrétien qui reste fidèle au Seigneur et qui travaille dur pour la croissance de son Royaume recevra la récompense de la vie éternelle.

EXPLICATION DES PASSAGES BIBLIQUES

1. La signification de la sagesse (Proverbes 8.22-31)

La sagesse est la voix de Dieu. L'appel à la sagesse est plus qu'un encouragement à utiliser l'équilibre dans les questions de la vie quotidienne. L'auteur des Proverbes nous aide à voir la vie de la manière que Dieu la voit et à prendre nos décisions avec les conseils de Dieu.

La sagesse est le fils de Dieu. Le langage de Proverbes 8.22-31 conduit beaucoup d'étudiants de la Bible à identifier la sagesse de Proverbes avec le Christ. Dans ce passage, la sagesse dit: « Lorsqu'il disposa les cieux, j'étais là … et lorsqu'il traça les fondements de la terre… je faisais de jour en jour ses délices, jouant devant lui tout le temps, jouant sur la surface de sa terre, et trouvant mes délices parmi les êtres humains » (8.27, 29-31).

Comparons ce passage avec celui de Jean 1.1-4. « Au commencement était la parole, et la parole était avec Dieu, et la parole était Dieu… Tout a été fait par elle… En elle était la vie… ». Sommes-nous capables de lire ces deux passages et refuser de croire que tous les deux décrivent notre Seigneur ?

Au sujet de Christ, Paul écrit: « Car en lui tout a été créé dans les cieux et sur la terre ». De plus, « Christ en vous, l'espérance de la gloire: C'est lui que nous annonçons, avertissant tout homme et en instruisant tout homme en toute sagesse, afin de rendre tout homme parfait en Christ » (Colossiens 1.16; 27-28).

L'appel de Dieu présente alors un message peu commun, soit qu'on le trouve dans la sagesse de Proverbes ou dans la révélation parfaite de Dieu en Jésus-Christ. Le message de la Bible n'est pas commun. Le Nouveau Testament est caché dans l'Ancien. L'Ancien Testament est révélé dans le Nouveau.

2. Choix et destinée (Proverbes 8.32-36)

Comment entendons-nous et répondons-nous ? Chaque père, pasteur ou enseignant veut aider les gens qui sont nées avec le libre arbitre à comprendre les questions de la vie et faire les bons choix. La sagesse nous enseigne que les bons choix viennent de la bonne connaissance. La méthode de Dieu commence par la révélation de la vérité. La demande de Dieu est: « écoutez-moi » (8.32). Dans un autre passage, le cri du prophète est: « Mon peuple périt parce qu'il lui manque la connaissance » (Osée 4.6). Jésus dit à Pilate « Voici pourquoi je suis né et voici pourquoi je suis venu dans le monde: pour rendre témoignage à la vérité » (Jean 18.37). Mais Dieu sait, et nous savons aussi, que la connaissance n'est pas suffisante. Nous devons connaître la vérité et y obéir: « Heureux ceux qui observent mes voies » (8.32). Le verset 34 montre comment la vérité de Dieu peut influencer nos vies. Nous devons écouter continuellement la voix de Dieu, réaliser que la Parole de Dieu est la vérité, et y obéir.

Les décisions que Dieu nous permet de prendre ont des résultats éternels; elles établissent la différence entre la vie et la mort (8.35-36). Jésus expliqua cette vérité dans la parabole du Fils prodigue (Luc 15.11-24). Nos décisions pour ou contre Dieu nous font gagner ou perdre.

APPLICATION

Êtes-vous sage ? Aux yeux de Dieu, ou des hommes ? Sachant que Christ est la sagesse de Dieu, cela change-t-il quelque chose pour vous ? Le choix est à vous.

IDÉES PRATIQUES

Les décisions que Dieu nous permet de prendre ont des résultats éternels; elles établissent la différence entre la vie et mort (8.35-36). Laissez intentionnellement cette affirmation influencer les décisions que vous prenez à partir d'aujourd'hui.

THÈME 5 : C'EST LA SAGESSE — SELON LES CRITÈRES DE DIEU

LEÇON 32

Ma responsabilité envers les gens

OBJECTIF
À la fin de cette leçon, l'étudiant(e) …

… comprendra le vrai sens de « Aime ton prochain comme toi-même ».
… reliera ce commandement à notre responsabilité sociale.
… se sentira responsable des gens qui l'entourent, suivant l'exemple de Jésus.

PASSAGES BIBLIQUES
Proverbes 18.23 — 19.9, 17, 26

AUTRES RÉFÉRENCES
Proverbes 15 à 19

NOTES ADDITIONNELLES
Demandez à la classe de préparer une liste de nouvelles responsabilités du chrétien envers les autres. Par exemple: Soyez honnête dans votre travail et dans vos relations d'affaires. Respectez les droits des autres. Aidez le malade et l'indigent. Soyez affectueux et compatissant envers votre voisin, en l'aidant dans ses besoins.

INTRODUCTION
La pauvreté peut être utilisée dans plusieurs domaines de la vie. Par exemple, on peut dire qu'il y a une pauvreté en compréhension, en sagesse, en biens matériels et en ressources spirituelles. Comment une personne peut-elle être affectée par la pauvreté ? Que pouvons-nous faire pour aider les personnes qui ont des besoins matériels ? Nous ne sommes jamais si pauvres, au point que nous ne puissions pas partager quelques biens. Pensez à l'attitude que Jésus a eue envers les pauvres. Quel est l'enseignement de 1 Timothée 6.10 ?

EXPLICATION DES PASSAGES BIBLIQUES
La pauvreté ne nous garantira pas une place dans le ciel et les richesses ne nous fermeront pas les portes du ciel. Pauvres et riches ont besoin de Jésus et de son salut. Cependant, Jésus nous a enseignés à avoir de la compassion pour l'indigent (Marc 14.7).

1. Conseils pour le riche
Dans le premier livre de la Bible, Dieu nous rappelle notre responsabilité envers les nécessiteux. « L'Éternel dit à Caïn: où est ton frère Abel ? » (Genèse 4.9). Avec une attitude égoïste et pécheresse, Caïn répondit: « Je ne sais pas; Suis-je le gardien de mon frère, moi ? » (4.9). L'indifférence et l'égoïsme sont inacceptables pour Dieu. Souvent, des pauvres sont maltraités (Proverbes 18.23). Quels conseils Dieu donne-t-il à ceux qui peuvent aider l'indigent ?

- L'indifférence est mauvaise (17.5)
- La générosité est agréable à Dieu (19.17)
- L'argent peut ruiner une relation honnête entre des personnes (19.6).
- Les richesses peuvent réduire notre dépendance envers Dieu (18.11).
- Une envie excessive de richesses peut ruiner la maison (15.27).
- Acquérir des richesses au moyen de l'injustice ou de la force n'est pas la volonté de Dieu (16.19).

2. Conseils pour le pauvre

Ces conseils prouvent que Dieu veut que chacun fasse sa part loyalement et s'acquitte de sa responsabilité envers les autres.

- Même si tu es pauvre, tu dois être honnête (19.1; 15.16; 17.1).
- Dieu se soucie de tes besoins (15.25).
- Évite la paresse (19.15).
- Sois honnête (19.22).
- Ne mendie pas (19.7).

3. Contribuez à rendre la vie de tous agréable

Acceptez la responsabilité (19.3). Une bonne religion et une bonne société doivent avoir des personnes qui acceptent leurs responsabilités. Le verset 3 précise le mal à blâmer d'autres pour nos erreurs. L'irresponsabilité de l'homme ruine sa vie, mais il blâme Dieu. Acceptons le blâme et essayons de rendre la situation meilleure avec la force du Seigneur.

Prenez soin des personnes âgées (19.26). Le Seigneur prend soin de l'individu qui est dans le besoin. Il veut que nous témoignions de la même compassion. Les Dix Commandements se réfèrent particulièrement à nos parents qui nous ont donné la vie et qui ont pourvu à nos besoins jusqu'à ce que nous soyons capables de s'occuper de nous-mêmes (Exode 20.12).

Ayez un cœur joyeux (17.22). Que vous soyez jeune ou vieux, le monde sera un meilleur endroit, si votre vie témoigne l'espoir et la bonne volonté aux autres (15.30). Nous acceptons une grande partie de notre responsabilité envers les autres, lorsque nous chantons avec le Psalmiste « C'est ici la journée que le Seigneur a faite: à cause d'elle, soyons dans l'allégresse et la joie ! » (118.24).

APPLICATION

Un jour, un petit garçon affamé vêtu de haillons s'arrêta à la porte d'un orphelinat et demanda s'il pouvait y être admis. Le directeur lui dit que la décision n'était pas facile à prendre. Il pouvait être admis à condition qu'il soit recommandé par une personne qui le connaît. « Excusez-moi, monsieur, je n'ai personne qui peut me recommander. J'ai pensé que mon état suffirait à démontrer mon besoin ». La directeur réfléchit aux paroles du petit garçon et accepta. Ouvrons nos yeux pour voir les indigents dans le monde qui tendent les mains pour demander de l'aide. Terminez par la prière.

IDÉES PRATIQUES

En tant que classe, il serait bon de commencer un projet pour aider les autres. Laissez la liberté aux jeunes de faire les plans et de diriger les divers aspects du projet. L'enseignant servira de guide. La meilleure leçon est de mettre en pratique ce que vous étudiez.

THÈME 5 : C'EST LA SAGESSE — SELON LES CRITÈRES DE DIEU

LEÇON 33

Nos désirs sont-ils bons ou mauvais ?

OBJECTIF
À la fin de cette leçon, l'étudiant(e) …

… se rappellera que Dieu a planifié pour nous de contrôler nos désirs naturels.

… sera encouragé de faire la volonté de Dieu pour la satisfaction de nos désirs.

… comprendra l'importance de prendre des décisions responsables.

PASSAGE BIBLIQUE
Proverbes 23.23-35

AUTRES RÉFÉRENCES
Proverbes 20 — 24; 31.1-9

VERSET À MÉMORISER
1 Corinthiens 10.31

« *Soit donc que vous mangiez, soit que vous buviez, soit que vous fassiez quelque autre chose, faites tout pour la gloire de Dieu.* »

NOTES ADDITIONNELLES
Insistez sur le fait que Dieu a pour nous des plans pour nous permettre de contrôler les désirs avec sagesse.

INTRODUCTION
Le créateur nous a créés avec des désirs. Ces désirs incluent la faim, la soif, et la sexualité. Ces désirs normaux sont conçus pour préserver la vie et satisfaire nos besoins. Les animaux n'ont aucun contrôle sur leurs désirs. Quand ils sentent l'impulsion, ils répondent. Cependant les hommes et les femmes sont supérieurs aux animaux. Justement comme Dieu nous a donné des désirs naturels, il nous a aussi donné l'intelligence, le libre arbitre et la capacité de prendre des décisions. Ayant ces désirs, les gens acquièrent de bonnes et mauvaises habitudes. Celles-ci nous poussent à réagir comme les animaux réagissent aux impulsions. Nous sommes encouragés d'utiliser l'intelligence que Dieu a donnée et notre capacité à choisir entre le bien et le mal lorsque nous bâtissons des habitudes.

EXPLICATION DES PASSAGES BIBLIQUES
Après la mort du Christ, une fausse doctrine s'est développée connue sous le nom de « Gnosticisme ». Cette doctrine enseignait que parce que le monde matériel, y compris le corps humain, est opposé au monde spirituel, nous ne pouvons pas croire que Dieu ait créé le monde. Cette doctrine impliquait que tout ce qui est matériel est mauvais y compris le corps humain.

1. Le corps n'est pas mauvais

De nos jours encore il y a toujours des gens qui pensent que notre corps est mauvais et que seul l'esprit est bon. Cette doctrine est fausse, Dieu n'a pas créé le mal, il n'a pas créé de mauvaises choses, ni de mauvaises personnes non plus (Genèse 1.26, 31). La Bible indique que tout ce que Dieu a créé est bon. Le mal et tout ce qui est mauvais sont le résultat du péché de l'homme (Genèse 3). Le corps humain est une œuvre parfaite, il est le temple du Saint-Esprit. Ceux qui utilisent le corps pour commettre le péché causent la ruine physique et spirituelle de l'homme.

2. Les désirs ne sont pas mauvais

Dieu nous a créés avec des désirs naturels; chacun pour une bonne raison. Si nous les satisfaisons d'une façon juste, ils seront pour notre avantage. Mais, si nous les satisfaisons de façon injuste, il en résultera toutes sortes de mal. Le désir de manger et de boire sont des besoins nécessaires pour la survie. Le désir de sexe est nécessaire pour multiplier la race humaine. Il y a également les désirs de dormir, travailler, aimer et d'être aimés, et beaucoup d'autres. Dieu nous a également donnés une conscience pour faire la différence entre le bien et le mal.

Qu'est-il arrivé aux personnes qui ont satisfait tous ces appétits sans se contrôler ? Ils ont perdu la faveur de Dieu et ont été punis pour leur péché. Un exemple dans la Bible est donné, les villes de Sodome et Gomorrhe. La même chose se produit avec une personne qui se laisse dominer par le péché. Au début, il est malheureux à cause du péché, sa conscience est troublée. Mais après un certain temps, le péché ne lui fait plus honte, et il laisse le péché l'entraîner dans une vie pécheresse malheureuse (Éphésiens 4.17-19). La première bouffée de cigarette peut causer la ruine d'un fumeur; la première boisson peut mener à l'alcoolisme et au déshonneur; la première expérience avec une drogue mène à la dépendance aux drogues. Tout ceci cause la destruction du corps et de l'âme.

3. La sagesse dans la tentation

Les jeunes sont pleins de vie. Ils découvrent certains de leurs désirs naturels. Les jeunes qui laissent Dieu contrôler ces désirs naturels reçoivent la force et la sagesse pour prendre de bonnes décisions au moment de la tentation. Dieu nous a créés avec la liberté de choisir et nous a donné une conscience qui fait la différence entre le bien et le mal (1 Corinthiens 6.12; 10.23). Jésus nous a promis la victoire dans la tentation (Matthieu 26.41; Luc 22.40, 46; Hébreux 2.17-18; 4.15-16).

APPLICATION

Les désirs non contrôlés nous font faire des choses que nous ne ferions pas en temps normal. Le monde est rempli des gens à la conscience coupable. Ils sont contrôlés par leurs propres désirs et commettent des actes pécheurs. S'étant trouvé dans des situations difficiles, beaucoup de gens sont devenus esclaves de leurs désirs. Aujourd'hui, le résultat c'est la tristesse et les larmes. C'est uniquement à nous de prendre la résolution de contrôler nos désirs avec l'aide du Saint-Esprit qui nous sauvera des désirs incontrôlés.

IDÉES PRATIQUES

Tout ce que vous faites ou dites intéresse Dieu. Réfléchissez à vos décisions avant d'agir. Rappelez-vous, intelligence humaine + conseils dans la Parole de Dieu + présence du Saint-Esprit en nous = sagesse.

THÈME 5: C'EST LA SAGESSE — SELON LES CRITÈRES DE DIEU

LEÇON 34

Qu'est-ce qui est agréable à Dieu ?

OBJECTIF
À la fin de cette leçon, l'étudiant(e) comprendra que le vrai sens et vrai but de la vie ne se trouve qu'en Dieu.

PASSAGES BIBLIQUES
Ecclésiaste 3.1-15

AUTRES RÉFÉRENCES
Ecclésiaste 1.1-14; 2.1-26; 3.1-15

VERSET À MÉMORISER
Ecclésiaste 3.11
> « Il fait toute chose bonne en son temps; »

INTRODUCTION
Salomon conclut que la vanité causée par les œuvres des hommes a pour résultat le malheur, tandis que les œuvres de Dieu sont toujours parfaites. Salomon effectua beaucoup de travaux, mais au lieu d'en être heureux, il conclut que tout était vanité (2.11). Il comprit la monotonie de tout ce qui est mondain. Il réalisa que ses travaux étaient futiles et que la recherche du bonheur par les plaisirs de la chair est insensée. Il réalisa aussi que même lorsqu'il avait de bonnes intentions, le péché frustrait ses plans. L'unique source du sens pour la vie humaine se trouve en Dieu, qui contrôle le monde.

Si Ecclésiaste représente la lutte d'une personne remplie de doutes, il indique également un homme qui a finalement découvert le côté positif de la vie. Il a découvert que la vie est aussi précieuse que le « vase d'or » (12.8). La réponse finale à la recherche du sens est: « Crains Dieu et observes ses commandements » (12.15).

EXPLICATION DES PASSAGES BIBLIQUES

1. La richesse ne fait pas le bonheur
Salomon était couronné roi d'Israël et il pria Dieu de lui donner la sagesse. Dieu lui donna la sagesse et également la renommée et la richesse. Les années passèrent, Salomon oublia que tout ce qu'il possédait venait de Dieu et il se sépara de son Créateur. Après avoir reçu tant de bénédictions, Salomon quitta la voie de Dieu. Le livre d'Ecclésiaste nous indique que quand Salomon s'éloigna de Dieu, il chercha le bonheur dans les choses matérielles et les plaisirs du monde. Nous savons également que les choses matérielles ne peuvent pas satisfaire les besoins spirituels; ils ne peuvent pas nous rendre heureux. Que fit Salomon dans sa recherche du bonheur ?

2. Le roi échoue sans Dieu

« Insensé ! Insensé ! dit l'enseignant (1.2). Après avoir étudié les deux premiers chapitres d'Ecclésiaste, nous nous rendons compte que Dieu seul peut donner un sens à la vie. Salomon décida d'écrire ses expériences, afin que les générations futures apprennent à travers son exemple et ses conclusions.

3. Le retour à Dieu

Après s'être séparé de Dieu dans sa recherche de la satisfaction, Salomon dut reconnaître qu'aucun homme ou chose ne pouvait donner le vrai bonheur que Dieu a promis à ceux qui lui sont fidèles. Aujourd'hui, comme Salomon, des gens s'éloignent de Dieu. En nous éloignant, nous ignorons si nous aurons encore l'occasion de retourner vers lui. Pourquoi quittons-nous sa voie, si elle nous apporte le bonheur ? Acceptons les paroles du psalmiste « Recommande ton sort à l'Éternel, mets en lui ta confiance, et il agira » (Psaumes 37.5). Il donnera le salut, la paix et l'assurance de la vie éternelle avec Jésus.

APPLICATION

Un ancien chrétien raconte: « Un jour Oswald, un jeune athée, m'a dit que la Bible, Dieu et la religion sont des béquilles pour les chrétiens. Sans ces béquilles, ils ne pourraient pas marcher. Des mois après cette conversation, j'ai dû aider Oswald. Il fut vaincu. Il ne pouvait pas faire face aux problèmes de la vie. J'ai parlé avec lui au sujet de la Bible, Dieu et des merveilleuses promesses que le Seigneur nous a données. Oswald avait besoin des « béquilles » qu'il haïssait auparavant. Je ne sais pas si le mot « béquilles » est un mot juste, mais j'ai besoin de Dieu pour marcher et vivre. Il est Celui qui me soutient. Je glorifie Dieu pour l'appui constant qu'il me procure ».

IDÉES PRATIQUES

Prenez-le de la part d'un conseiller inspiré de Dieu. Salomon a connu tous les plaisirs possibles, richesses, renommée, succès, etc. et il n'a pu trouver un sens en eux jusqu'à ce qu'il soit revenu à Dieu. Voici son conseil: « Crains Dieu et observe ses commandements. C'est là ce que doit faire tout homme » (Ecclésiaste 12.15).

THÈME 5 : C'EST LA SAGESSE — SELON LES CRITÈRES DE DIEU

LEÇON 35

Révérez Dieu

OBJECTIF
À la fin de cette leçon, l'étudiant(e) …

… désirera adorer Dieu avec révérence.

… promouvra un culte d'adoration responsable dans l'église.

PASSAGES BIBLIQUES
Ecclésiaste 5.1-7 ; Psaumes 27

AUTRES RÉFÉRENCES
Deutéronome 23.21-23 ; 1 Chroniques 16.23-36 ; Psaumes 15 ; 24.1-6 ; Ecclésiaste 3.16 — 6.12 ; 8.10-13 ; Habacuc 2.18- 20

VERSET À MÉMORISER
Apocalypse 7.12

« … Amen ! La louange, la gloire, la sagesse, l'action de grâces, l'honneur, la puissance, et la force, soient à notre Dieu, aux siècles des siècles ! Amen ! »

NOTES ADDITIONNELLES

Éléments d'adoration
Confiance — obéissez à Dieu et ayez confiance en lui

Adoration — on réalise que Dieu est Tout- Puissant et digne de notre amour et loyauté

Louange — par reconnaissance pour les bénédictions qu'il nous a accordées

Pétition — s'approcher de Dieu avec nos besoins et le faire ainsi participer dans notre vie

Intercession — c'est prier pour les autres et partager ainsi son amour pour tous les hommes

Bénédiction — c'est trouver la force et le courage dans le Seigneur pour s'attendre à lui pour l'accomplissement de ses promesses

INTRODUCTION
La leçon se résume dans la phrase : « Crains Dieu ». Il est souvent employé dans l'Ancien Testament. C'est pour encourager à l'obéissance à Dieu et à la révérence. Certains pensent que craindre le Seigneur signifie ne pas le déranger. Mais, Dieu n'est pas décrit ainsi dans la Bible. Jésus nous dit que Dieu est un Père bon et affectueux. Nous devons lui obéir et l'aimer. Sous ce rapport, nous trouvons une communion joyeuse dans sa présence. Nous partageons les joies, les douleurs et les problèmes avec lui.

EXPLICATION DES PASSAGES BIBLIQUES

1. Avez-vous peur de Dieu ?

Connaissez-vous dans votre école un élève grand, fort, qui effraie tout le monde ? Quand j'étais à l'école, il y avait un élève dont nous avions tous peur. Certains croient que Dieu effraie tout le monde. Dans les moments difficiles, nous sommes habituellement très religieux. Nous promettons à Dieu que nous deviendrons obéissants, que nous nous soumettrons à lui, nous demandons pardon pour nos péchés. Mais dès que le mauvais moment est passé, nous oublions nos promesses et recommençons à vivre comme avant. Qu'est-il arrivé aux promesses que nous avions faites et à la repentance que nous ressentions ? Ce n'était pas de la repentance, c'était la crainte de la mort. C'est facile de conclure que Dieu est prêt à nous punir quand nous agissons mal. Mais, ce n'est pas le sens des sept premiers versets.

2. Accomplis ta promesse

Ecclésiaste nous conseille deux choses très importantes au sujet de notre relation avec Dieu et que nous pouvons mettre en pratique en vivant avec les autres

- La révérence à Dieu (Ecclésiaste 5.1). La chose la plus importante que nous devons faire dans la maison du Seigneur est de l'adorer.
- La révérence dans l'amour. Quoique Dieu n'ait pas un fouet dans sa main pour nous battre, nous devons être attentifs à la relation que nous entretenons avec lui. Dieu est notre meilleur ami. En tant qu'ami, il ne veut pas que nous fassions des promesses que nous ne pourrons pas tenir. Qu'arrive-t-il lorsque nous promettons une chose à quelqu'un et que nous ne tenons pas parole ? Avant de faire une promesse à Dieu, assurons-nous que nous avons l'intention de tenir cette promesse (Ecclésiaste 5.2-7).

Quand nous avons affaire à Dieu, les mots ne peuvent pas remplacer des intentions honnêtes et une action prompte. Jésus confirma cette pensée avec un autre verset (Matthieu 7.21). Ne faisons pas pécher nos lèvres en faisant un vœu que nous n'accomplirons pas (Ecclésiaste 5.6).

3. La sécurité que nous trouvons en lui

Le psalmiste a exprimé le besoin d'avoir de la force et de l'assurance, Dieu connaît nos besoins et nos problèmes, et veut être notre ami, conseiller et guide. Il veut le meilleur pour nous. Ce fut la conclusion du psalmiste (Psaumes 27.9-10).

APPLICATION

« Nous te louons, oh Dieu ! » On dit qu'Henry V d'Angleterre savait que lui et ses soldats recevraient les grands honneurs pour avoir gagné la bataille d'Azincourt. Il fit appeler son aumônier et lui demanda de lire un psaume de David, afin que toutes les troupes se rendissent compte que Dieu les avait aidées. Quand l'aumônier lut les mots: « Non pas à nous, Éternel, non pas à nous, mais à ton nom donne gloire » (Psaumes 115.1), le roi descendit de son cheval et chacun fit de même. Les troupes s'inclinèrent et adorèrent Dieu. Le silence révérencieux exprimait la gratitude qu'ils ressentaient. Nous devons toujours nous rappeler que Dieu nous aide à obtenir des victoires. Joignons nos voix à celle du psalmiste: « Non pas à nous, Éternel, non pas à nous, mais à ton nom donne gloire ».

IDÉES PRATIQUES

Temps pour louer Dieu - la vie n'est pas toujours comme nous l'espérions, mais tout est mieux si nous prenons le temps de louer Dieu. En prison, Paul et Silas ont chanté des louanges au Seigneur. Le fait d'être aveugle n'a pas arrêté Fanny Crosby de louer Dieu, ou d'écrire plusieurs belles hymnes qui parlent de la grandeur et de la fidélité de Dieu. Oscar Espinosa fut aveugle à l'âge de 19 ans. Il écrit dans un de ses poèmes: « Combien c'est magnifique d'être un aveugle, car alors tu peux voir Dieu avec l'âme ».

Lorsque vous êtes triste ou déprimé, lorsqu'il vous semble que la vie vous a transporté dans son côté le plus sombre et le plus solitaire, rappelez-vous que Dieu n'est pas mort. La victoire est dans la louange et l'adoration.

THÈME 6: LES PROBLÈMES DE FAMILLE
LEÇON 36

Dieu établit la famille

OBJECTIF
À la fin de cette leçon, l'étudiant(e) …

- … connaîtra les trois éléments de base qui fondent la maison: l'homme, la femme et leur engagement mutuel.
- … comprendra que la famille est l'unité de base, créée par Dieu.
- … appréciera que le plan de Dieu pour l'homme et la femme est de former une famille au commencement.

PASSAGES BIBLIQUES
Genèse 1.24-31; 2.18-25; Psaumes 8 Autres références: Genèse 24.1-67

VERSET À MÉMORISER
Genèse 1.27

« Dieu créa l'homme à son image, il le créa à l'image de Dieu, il créa l'homme et la femme. »

INTRODUCTION
Au commencement, quand Dieu a créé les hommes, il avait un plan pour les familles. 1) Le divorce n'était pas prévu dans le plan de Dieu. Les lois sur le divorce dans l'Ancien Testament et mentionnées par Jésus dans le Sermon sur la Montagne sont intervenues à cause de la chute de l'homme, et du péché dans le cœur. 2) Le veuvage n'était pas dans le plan de Dieu. La mort est survenue à cause du péché. 3) Il semble également que Dieu n'avait pas prévu le célibat bien que la Bible nous présente quelques exemples, comme l'Apôtre Paul et Lydie, la vendeuse de pourpre. Les problèmes de la maison et de la famille ont surgi après que la nature de nos premiers parents ait été changée par le péché.

EXPLICATION DES PASSAGES BIBLIQUES

1. Le premier homme (Genèse 1.26, 2.7)
Le monde créé était magnifique et Dieu vit que l'œuvre de la création était bonne (1.25). Après que Dieu a fini de créer la terre, il créa l'homme. Dieu forma le corps de l'homme de la poussière de la terre et « souffla dans ses narines un souffle de vie » (2.7) pour lui donner une âme vivante. Cette personne, différente de tous les animaux, fut créée à l'image et à la ressemblance de Dieu, à la ressemblance spirituelle de Dieu (1.26). Cette personne était le premier être humain, l'homme, appelé plus tard Adam, notre premier père. Dieu donna à l'homme le contrôle sur toute la création: sur les animaux, les plantes pour en prendre soin et pour cultiver le sol. Dieu créa également un magnifique jardin, le Jardin d'Éden, pour que l'homme y vive (2.8, 15).

2. La première femme (2.18-22)
Dieu vit que l'homme était seul. Avec qui pourrait-il partager la beauté de la création ? Avec qui pourrait-il partager sa vie et ses sentiments ? Les animaux pourraient être une compagnie pour lui, mais ils ne pouvaient pas parler avec lui. L'homme était seul et incomplet: il eut besoin d'une autre personne qui

serait comme lui et qui soit son aide (2.20). Alors, Dieu décida de faire une compagne pour l'homme. Pendant que l'homme fut profondément endormi, Dieu prit une côte d'Adam pour former une femme. Quand Adam se réveilla et vit une personne semblable à lui à son côté, il l'accepta immédiatement et l'appela « femme ».

3. La première famille

Dieu établit la première famille, lorsqu'il créa l'homme et la femme à son image et à sa ressemblance (1.27). Le Seigneur bénit ce premier couple (1.28) et leur commanda d'avoir des enfants (1.28). Adam accepta la compagne que Dieu avait faite pour lui. Il sut que la femme serait une partie importante de sa vie et qu'ensemble ils formeraient une union physique et spirituelle. Dieu établit le mariage comme la base de la famille.

Le mariage est :

- L'union intime d'un homme et d'une femme, qui ont été créés à l'image et à la ressemblance de Dieu.
- Pour qu'ils se tiennent compagnie l'un à l'autre et compagnons tous deux avec Dieu, le créateur
- Pour la multiplication de la race humaine.

L'amour entre le mari et l'épouse vient de cette communion spirituelle entre un homme et une femme et il est le reflet du créateur.

APPLICATION

Le fonctionnaire d'une banque arriva chez lui complètement découragé parce qu'il n'avait pas eu la promotion qu'il espérait. Lorsqu'il fut interrogé par son épouse, il répondit : « Je suis un échec. Tout le monde réussit, sauf moi. » Son épouse lui dit avec tendresse: « Tu as trouvé une épouse qui t'aime. Tu as amené cette femme à te respecter et à t'admirer avec dévotion et loyauté. Tu me donne tout ce dont j'ai besoin. Comment peux-tu dire: « Je suis un échec » ? Qui, dans ces murs, a plus réussi que toi ? » Alors, elle l'attira, le serra dans ses bras et il fut encouragé.

IDÉES PRATIQUES

Le mariage en tant que base de la famille, et créé par Dieu, doit être le reflet de l'amour de Dieu. Cependant, tant de familles, dont celles des chrétiens sont très difficiles et antipathiques. Pensez aux familles que vous connaissez et priez sérieusement pour elles, afin qu'on leur rappelle la beauté que Dieu désire pour le mariage et qu'elles se tournent vers lui pour recevoir de l'aide.

THÈME 6: LES PROBLÈMES DE FAMILLE
LEÇON 37

Quatre choses sont nécessaires dans le mariage

OBJECTIF
À la fin de cette leçon, l'étudiant(e) …

- … Identifiera et décrira les quatre types de bonheur dans le mariage.
- … Comprendra la nature de l'amour entre mari et femme comme l'indique la Bible.

PASSAGES BIBLIQUES
Cantique des Cantiques 4.1-10; Osée 3.1-5; 11.1-11; Matthieu 10.37-40; 16.21-28

AUTRES RÉFÉRENCES
Psaumes 12.1-6; Romains 12.1-2; Marc 12.28-34; Luc 11.33- 36; 12.49-53; Matthieu 16.21-28; Osée 11.1-9

VERSET À MÉMORISER
Matthieu 10.39

« Celui qui conservera sa vie la perdra, et celui qui perdra sa vie à cause de moi la retrouvera. »

NOTES ADDITIONNELLES

Les quatre choses nécessaires dans le mariage

- L'amour entre les mariés
- L'amour altruiste
- L'amour de Dieu
- Engagement total

INTRODUCTION

L'amour est décrit sous forme de poésie et chanté dans Cantique des Cantiques, il y a bien longtemps comme aujourd'hui. Beaucoup de personnes définissent l'amour; mais il est très difficile à définir. L'amour est exprimé de plusieurs manières: l'amour du père et de la mère, l'amour du frère et des sœurs, l'amour des amis, l'amour du mari et de l'épouse; l'amour pour Dieu, etc. Toutes ces expressions de l'amour sont le résultat d'un amour beaucoup plus grand, l'amour de Dieu. L'amour des hommes peut produire des fruits louables et des résultats positifs. Mais quand l'amour est mal utilisé pour des raisons égoïstes, il peut causer le mal. Au lieu de rapprocher les familles ensemble et de guérir les relations brisées; au lieu de nous apporter la joie, le bonheur, la satisfaction et ce qui est bon; il peut négliger la famille, blesser le prochain, offenser Dieu et même tuer. I Jean 4.10 indique que nous aimons parce que Dieu nous a aimés le premier. L'amour vient de Dieu (I Jean 4.7) parce que « Dieu est amour » (I Jean 4.10).

EXPLICATION DES PASSAGES BIBLIQUES

1. L'amour dans le mariage (Cantique des Cantiques 4.7-10)

Cantique des Cantiques est une poésie de l'amour qui exalte l'amour dans le mariage. Certains disent qu'il représente l'amour du Christ pour l'Église (voir Apocalypse 21.9). Cet amour nous montre que Dieu avait un plan pour le mariage et la famille (Genèse 1.27 - 28; 2.23 - 24). Le mariage est une union physique et spirituelle; il est sacrificiel et désintéressé. L'amour désintéressé désire plus pour satisfaire le conjoint que pour satisfaire ses intérêts personnels.

2. L'amour désintéressé (Osée 3.1-5)

L'histoire du prophète Osée, qui a cherché, ramené et accepté à nouveau son épouse infidèle illustre l'amour de Dieu pour les pécheurs. L'amour veut seulement le bien de la personne aimée. Certains parents se privent de nourriture pour que les enfants ne meurent pas de faim; d'autres respectent et prennent soin de leurs parents âgés. L'amour ne cherche pas son propre intérêt; il n'est pas égoïste.

3. L'amour de Dieu (Osée 11.9)

Osée chapitre 11 parle du fils rebelle, Israël, qui s'est éloigné de Dieu. Mais au lieu de se venger, Dieu le Père essaie de le tirer avec des « cordages d'amour » (11.4) pour le convertir. Le Seigneur continue jusqu'à aujourd'hui d'appeler et de racheter chaque pécheur. De la même façon, les parents continuent d'aimer et de prier pour le fils désobéissant. Dans le mariage, les conjoints s'aiment l'un l'autre quoiqu'ils ne soient pas parfaits. Cet amour unit le mari et l'épouse, les parents et les enfants, les frères et les sœurs et établit des liens familiaux solides.

4. L'engagement total (Matthieu 10.37-39)

Dans un mariage, il y a des difficultés, des pressions dues au monde, la maladie dans la famille, des différences de personnalités, etc. Maris et épouses doivent s'engager complètement l'un envers l'autre. Leur union n'est pas seulement physique, il n'est pas un simple contrat de mariage; il doit être spirituel, comme l'union de l'Église avec Christ. Dans n'importe quel travail, les employés doivent montrer de l'engagement et de la fidélité, si la compagnie a du succès. Le Christ s'est engagé lui-même totalement au travail que Dieu lui avait confié. Dans la relation familiale, l'engagement, la loyauté, la fidélité et l'amour doivent être également présents. Des enfants engagés aideront le mariage des parents ainsi que la famille. Si chaque personne fait sa part, les liens familiaux seront plus forts.

APPLICATION

La prophétie d'Osée à Israël et sa souffrance personnelle rapportent deux grandes vérités. D'abord, nous voyons la force de l'amour de Dieu, qui a coûté le calvaire. Mais, nous voyons également que l'amour dans le mariage doit ressembler à l'amour de Dieu; il doit accomplir le maximum d'efforts pour sauver un mariage. Les chrétiens réagissent souvent trop rapidement, lorsqu'il s'agit de réclamer leurs droits et de fermer les portes de la réconciliation. Le chrétien ne doit pas s'intéresser en premier lieu à son bonheur personnel; mais plutôt honorer Dieu, pour préserver la maison et sauver les âmes. Le pardon est douloureux, coûteux et difficile; mais il l'était aussi pour Dieu. Les conseillers en mariage ne peuvent pas sauver un mariage en danger - seule la voie de la croix peut sauver. Richard S. Taylor

IDÉES PRATIQUES

L'amour et le bonheur reçus à travers l'amour est souvent mentionné dans la Bible et laquelle compte de magnifiques tableaux de mariage (Genèse 2.23; 29.20; Éphésiens 5.32; Apocalypse 21.2, 9). Mais aujourd'hui il y a très peu de couples qui pourraient servir à représenter cet idéal. Priez que le Seigneur apporte le réveil dans le mariage en commençant avec ceux de ses enfants.

THÈME 6: LES PROBLÈMES DE FAMILLE
LEÇON 38

Les pressions du monde

OBJECTIF
À la fin de cette leçon, l'étudiant(e) …

… identifiera les pressions du monde sur la famille.
… cherchera la sagesse et les conseils de la Parole de Dieu concernant ces pressions.
… apprendra comment réduire la pression sur la famille en suivant les enseignements de Jésus.

PASSAGES BIBLIQUES
Matthieu 5.1-12; 6.19- 34

AUTRES RÉFÉRENCES
Matthieu 5.10-19; 6.5- 13; 7.1-20; 1 Corinthiens 10.12-14

VERSET À MÉMORISER
Matthieu 6.33

« Cherchez premièrement le royaume et la justice de Dieu; et toutes ces choses vous seront données par-dessus. »

INTRODUCTION
La pression de notre groupe d'amis et la rivalité font partie de la vie quotidienne. Martha a acheté une robe bleue, je dois avoir aussi une nouvelle robe. Julia aime une certaine actrice, moi aussi je veux avoir la même coiffure qu'elle et aimer cette actrice aussi. La famille Jones a acheté une nouvelle voiture, notre famille doit aussi acheter une nouvelle voiture, quitte à nous endetter ! Quotidiennement, les jeunes sont influencés par d'autres jeunes, à fumer, prendre des drogues pour éprouver d'autres plaisirs mondains parce que leurs voisins ou leurs amis d'école le font et qu'eux ils ne veulent pas être différents de personne d'autre !

Dans le monde d'aujourd'hui, la famille entière souffre des pressions de n'importe quel genre. Même les enfants sont victimes des pressions. Les pressions ou les tensions peuvent venir de notre intérieur ou de l'extérieur. Nous sommes sous le contrôle d'un calendrier, d'un téléphone cellulaire et d'une montre: des dates, des programmes à sauvegarder, etc. Cependant, au milieu de ceci, les familles chrétiennes doivent mettre la priorité sur le maintien de la dévotion et le soutien mutuel en tant que défi. Ainsi, la Bible répond aux problèmes de la maison, tels l'amour de Dieu, le respect mutuel, etc. réponses qui sont plus efficaces que les réponses venant des personnes.

L'argent et les possessions, les fausses valeurs, les loyautés divisées et les soucis excessifs est le message de Jésus dans le Sermon sur La Montagne. Celles-ci sont les quatre pressions les plus communes imposées à la famille.

EXPLICATION DES PASSAGES BIBLIQUES

1. *Où est ton cœur ? (Matthieu 6.19-21)*

Des possessions terrestres peuvent être facilement détruites. Les maisons, l'argent déposé à la banque, les biens, etc., peuvent soudainement disparaître. Il n'y a aucune garantie, ni aucune sécurité ! Jésus a dit aux foules: Ne placez pas toute votre confiance dans les choses de ce monde ! Lorsque nous ignorons nos besoins spirituels, pour ne penser qu'aux biens matériels, c'est que nous avons tort. Il est bon de posséder des biens matériels suffisants, afin de vivre sans soucis; mais si nous en avons trop, cela ne nous aidera pas.

Jésus nous encourage à nous intéresser davantage aux choses spirituelles. Voir sa question en Matthieu 16.26. Paul a renoncé à la position, à la renommée et à la gloire du monde pour suivre Christ (Philippiens 3.8).

2. *« Cherchez premièrement le Royaume » (Matthieu 6.33-34)*

Si nous sommes des chrétiens, nous devons être totalement fidèles à Christ. Il doit toujours avoir la première place dans nos vies. Nous ne pouvons pas avoir un cœur divisé entre Dieu et les biens matériels (6.24). Nous ne pouvons pas dire que nous sommes des disciples de Christ et avoir un cœur rempli de cupidité, d'envie ou d'orgueil. Le Seigneur veut que nous l'aimions et lui obéissions avec tout notre cœur. Son Esprit et son amour nous procureront la paix et la satisfaction dans la vie. Nous devons choisir: suivons-nous Dieu ou suivons-nous le monde ? Soumettons-nous aujourd'hui à Christ et il pourvoira à tous nos besoins; matériel et spirituel. Choisissons le Royaume de Dieu et sa justice (6.33) !

APPLICATION

Trois ennemis communs de la maison:

L'égoïsme est le premier ennemi de la maison. L'égoïsme ne désire participer à rien qui ne lui apporte pas un profit personnel. Il suit la loi de n'importe quoi- pour moi.

La tromperie est le deuxième ennemi de la maison. La tromperie commence par des petites fautes jusqu'aux péchés, comme l'adultère, etc. Nous devons apprendre à être véridiques.

Le divorce est le troisième ennemi de la maison. La plus grande cause de divorce constitue les divergences de caractère. C'est un grand mal qui cause le malheur des couples mariés et des enfants.

Matthieu 6.19-21: Dans ces versets, nous avons d'abord un commandement négatif puis un commandement positif. Les enfants réalisent très tôt les choses auxquelles leurs parents accordent le plus de valeur - soit que ce sont des choses matérielles comme une voiture, de l'argent à la banque, les vêtements et les meubles, - soit des valeurs spirituelles, comme l'amour, la sainteté, les pensées saines, un bon caractère. S'ils valorisent le « matériel » et la vie devient seulement une accumulation des biens, les enfants seront cupides et voudront posséder des biens matériels. Les parents chrétiens doivent prouver qu'ils valorisent les choses spirituelles « Car la vie d'un homme ne dépend pas de ses biens, serait-il dans l'abondance » (Luc 12.15). — *Richards S. Taylor*

IDÉES PRATIQUES

Méditez sur ceci et agissez comme il convient: Où est ton trésor ? Dois-tu changer ? Ou dois-tu devenir meilleur ? Eh bien, si vos enfants imitaient votre exemple ?

THÈME 6 : LES PROBLÈMES DE FAMILLE
LEÇON 39
Les enfants peuvent être des exemples

OBJECTIF
À la fin de cette leçon, l'étudiant(e) …

… acceptera la responsabilité d'être l'exemple chrétien dont les enfants ont besoin.

… comprendra le rôle des parents en tant qu'exemples de conduite pour leurs enfants d'après l'exemple de Christ.

… reconnaîtra les pressions du monde sur la famille.

… sera encouragé de ne pas abandonner les enseignements de la famille et de l'église.

PASSAGES BIBLIQUES
Josué 4.20-24; Job 1.1-5; Psaumes 101.2; 1 Timothée 5.4; 2 Timothée 1.1-5; 3.14- 15; Jacques 3.13-18

VERSET À MÉMORISER
Psaumes 101.2

« Je prendrai garde à la voie droite. Quand viendras-tu à moi ? »

NOTES ADDITIONNELLES
Le jeune homme Timothée est appelé un « fils spirituel » de l'Apôtre Paul. Il reçut une éducation religieuse de sa mère et de sa grand-mère. Il travailla avec Paul pour répandre l'Évangile. Il fut l'évangéliste et le pasteur de l'église d'Éphèse. Il fut en prison avec Paul à Rome. Selon la tradition, il fut le premier évêque d'Éphèse. Il fut réputé à cause de sa vie chrétienne et des deux lettres que Paul lui a écrites. Les conseils et l'encouragement que l'Apôtre Paul a donnés à Timothée sont toujours une grande inspiration pour beaucoup d'autres jeunes chrétiens.

INTRODUCTION
Les meilleurs enseignants ne sont pas dans les classes, mais dans la maison. Les meilleurs enseignants sont les parents qui sont de bons exemples pour leurs enfants. Les parents prévoient le programme d'études; la maison est la salle de classe. Quand l'enfant est suffisamment grand pour interroger les enseignements des parents par rapport à d'autres normes dans sa culture, il a déjà subi l'influence des enseignements qui ont guidé ses parents. Il ne sera jamais en mesure de se libérer de l'influence de ses premiers enseignements. Le temps que les parents passent avec les enfants a beaucoup plus d'impact sur eux que les heures passées à l'école, à l'école de dimanche ou à l'église. Les enfants transfèrent les problèmes de la maison à l'école, au lieu d'emmener les problèmes de l'école à la maison. Si la vie de famille est plaisante, l'enfant pourra surmonter les problèmes auxquels il fait face à l'école. Si la vie de famille est désagréable, l'enfant acceptera les options qui lui sont offertes à l'école, dont la camaraderie avec d'autres élèves avec les mêmes problèmes, rébellion et même aller jusqu'à s'associer avec des criminels. L'exemple du parent est important dans la formation du comportement de l'adulte. Un adulte réagit souvent comme si son père ou sa mère l'observait. Les décisions de l'adulte résultent très souvent d'une réaction aux valeurs inculquées par ses parents.

EXPLICATION DES PASSAGES BIBLIQUES

1. Héritage (2 Timothée 1.1-5)

Lorsque nous parlons d'héritage nous pensons immédiatement aux terres, aux biens, aux maisons, aux bijoux, à l'argent, etc. que quelqu'un a laissés, à sa mort, à d'autres membres de la famille. Mais, l'héritage que Timothée a reçu fut légué par sa grand-mère et sa mère lorsqu'elles vivaient encore. La « foi sincère » qui lui a été transmise par sa mère et sa grand-mère était son héritage. Les biens matériels dont nous héritons peuvent disparaître en un instant et nous laisser les mains vides tandis que les enseignements que nous recevons étant enfant, si nous les honorons depuis notre jeune âge jusqu'au moment où nous devenons des adultes, nous continuerons de produire des fruits, comme dans le cas de Timothée. Les enseignements que Timothée a reçus l'ont aidé à devenir un jeune homme qui craint Dieu, un serviteur qui a honoré et glorifié le nom et le travail du Seigneur.

2. « Demeure ... » (2 Timothée 3.14)

Le secret de la vie victorieuse de Timothée ne s'expliquait pas seulement par le fait que « dès son enfance il connaissait les saintes Écritures » (3.15), ou par l'enseignement qu'il avait reçu, mais parce qu'il « demeurait » dans les enseignements reçus. Son obéissance a affermi sa foi et l'a changé en un jeune chrétien fort, un exemple pour d'autres jeunes. Timothée honora l'héritage qu'il avait reçu de sa famille. Il obéit à Dieu et se garda pur. Beaucoup de jeunes ont reçu un héritage religieux comme celui qu'a reçu Timothée. Pourtant, ils ne sont pas « demeurés ». Ils ont choisi de se laisser influencer par les attractions mondaines et ils ont abandonné la foi qu'ils avaient.

3. Pour vous jeune gens (3.15)

Examinez votre conscience. Où en êtes-vous, sur la route de la foi ? Êtes-vous un jeune qui avait reçu le salut en Christ et une foi « sincère », mais pour quelque raison, vous vous êtes éloigné de Dieu ? Si c'est votre histoire, il y a une solution: priez Dieu. Demandez-lui de vous pardonner vos péchés. Faites-lui confiance. Il affermira votre foi et vous renouvellera spirituellement. Si vous demeurez ferme dans la foi, levez-vous et allez à la recherche de la perfection chrétienne (3.17).

APPLICATION

Une grande partie du succès de John Wesley, le fondateur du Méthodisme, il la doit à sa mère. Elle prenait un grand soin à enseigner à ses enfants la discipline de la maison. Charles Wesley devint le grand auteur de cantiques et son frère devint un grand prédicateur de la sainteté. La maison est le lieu où l'enfant apprend les principes qui le guideront pour la vie.

IDÉES PRATIQUES

Les traditions et les coutumes dans la maison font partie de l'éducation religieuse et de l'héritage des enfants (Josué 4.21): images, culte familial, Noël, Pâques, culte du dimanche, etc. Comment tirez-vous avantage de votre héritage religieux ? Quel héritage préparez-vous pour vos enfants ?

THÈME 6: LES PROBLÈMES DE FAMILLE
LEÇON 40

L'église et la famille

OBJECTIF
À la fin de cette leçon, l'étudiant(e)…

- … examinera l'importance du Corps du Christ, l'Église, pour soutenir le mariage et la famille.
- … comprendra que c'est la responsabilité de l'église de s'occuper de ces membres qui ont besoin de soutien et de réconfort.
- … identifiera et acceptera la responsabilité envers les individus qui ont besoin du soutien de la famille de l'église.

PASSAGES BIBLIQUES
Romains 12.3-21; 1 Corinthiens 12.12-27

AUTRES RÉFÉRENCES
Galates 6.1-5

VERSET À MÉMORISER
1 Corinthiens 12.27

> *« Vous êtes le corps de Christ, et vous êtes ses membres, chacun pour sa part. »*

INTRODUCTION
La révolution industrielle a causé des changements dans la famille. La recherche du bonheur de l'individu a causé des changements parmi les membres de la famille. Le divorce est banalisé. Dans beaucoup de familles les liens qui unissaient les membres se sont fragilisés. Mais, pour un grand nombre de chrétiens, le système qui continue de soutenir la famille est le Corps du Christ. L'église locale est l'appui de la famille.

EXPLICATION DES PASSAGES BIBLIQUES
Justement comme le corps ne peut pas exister sans la tête, l'Église ne peut pas exister sans la présence de Christ. C'est Christ qui crée l'unité, mais lui seul n'est pas l'Église. Les individus religieux sans Christ, même s'ils s'organisent en groupes d'adoration, ne peuvent pas former une église.

1. L'Église est le Corps du Christ
Tant que l'Église sera sur terre, elle aura besoin de la force quotidienne qui vient de la Parole et du Saint-Esprit. Nous sommes des membres du Corps du Christ et nous sommes également des membres de la famille. De la même façon que le Corps du Christ a besoin de Christ pour le soutenir, les familles dans l'église ont également besoin les unes des autres. De la même façon que les personnes dans l'église se respectent les uns les autres, les membres de la famille doivent se respecter mutuellement.

2. Membres les uns des autres
Nous sommes les membres les uns des autres. Nous ne faisons pas tous le même travail, nous ne servons pas les mêmes intérêts, nous n'avons pas les mêmes dons. Si dans une ville, tout le monde faisait le

même travail, la ville tomberait en déclin à cause des autres travaux qui doivent être faits. Personne ne peut penser qu'il commande le corps. Ces dernières années, les gens commencent à penser qu'ils doivent réussir sans l'aide des autres. Pour le chrétien, ceci est impossible. Le chrétien ne peut pas vivre sans l'appui du reste du Corps et le contrôle de la Tête. Personne ne doit penser à ce que l'église peut faire pour lui, mais plutôt à ce que ses dons lui permettent de faire pour l'église.

3. L'unité de l'Église

Personne ne doit douter de sa position, ni de son utilité dans le Corps. Chacun a une fonction donnée par Dieu, une fonction que lui seul peut remplir parce qu'il a reçu les dons nécessaires pour cela. Nous devons nous maintenir dans une bonne santé spirituelle, si nous voulons contribuer au Corps du Christ. Lorsqu'une partie du corps physique est malade, le corps entier est malade. Lorsqu'un des membres du Corps du Christ souffre, toute l'église souffre. La communion entre les membres du Corps est nécessaire pour que le Corps puisse travailler efficacement. C'est de cette façon seulement qu'il y aura la santé et la vie abondante.

APPLICATION

Utilisez vos talents ! Le talent signifie aussi « être intéressé » ou « prendre soin ». L'engagement EST nécessaire, si nous voulons aider les autres. Cela demande de l'intérêt et du temps pour aider quelqu'un. De nombreuses fois, nous pensons qu'il faut développer un talent avec la formation et l'éducation. Mais s'intéresser aux autres est un talent. S'intéresser aux autres nous aide à croître comme le fait d'aider une autre personne. Il nous aide également à renforcer notre unité. Nous sommes un Corps de croyants avec le Seigneur Jésus-Christ qui est la Tête, et sans unité et sans amour, nous serons perdus et sans direction.

Encouragez les élèves à remercier Dieu pour leurs familles, quand bien même elles sont des non croyants. Rappelez-leur qu'ils peuvent servir leurs parents ou d'autres parents proches pour Dieu. Encouragez-les à ne pas se conformer au monde, mais à se renouveler chaque jour par la Parole de Dieu et la prière. Terminez par la prière.

IDÉES PRATIQUES

Comment pouvez-vous servir de façon significative vos parents ou d'autres parents proches ? Faites un projet pour renouveler votre esprit par la Parole de Dieu et la prière, afin d'accomplir des objectifs à cet égard.

Table de matières

ENSEIGNEMENT DES JEUNES
   Idée pour l'enseignement des jeunes
   Comment préparer une leçon de l'école du dimanche 3
   Sept clés pour enseigner les jeunes

THÈME 1: PRENDRE LE TEMPS DE PRIER
   Leçon 1 / Comment nous devons prier
   Leçon 2 / La vraie prière
   Leçon 3 / La prière de Jésus
   Leçon 4 / La prière c'est la puissance
   Leçon 5 / La puissance de la prière faite avec foi
   Leçon 6 / Dieu nous guide à travers la prière
   Leçon 7 / Dieu écoute la prière
   Leçon 8 / Les bénédictions dans la Bible

THÈME 2: JÉSUS, LE ROI MESSIE
   Leçon 9 / Description du Roi Messie
   Leçon 10 / Êtes-vous prêt ?
   Leçon 11 / Le grand jugement
   Leçon 12 / Les dernières prières de Jésus
   Leçon 13 / Que ferez-vous de Christ
   Leçon 14 / Célébrez la Pâques
   Leçon 15 / Le commandement de Jésus: Allez !

THÈME 3: ÇA A VRAIMENT DE L'IMPORTANCE
   Leçon 16 / Ma vie a-t-elle de la valeur ?
   Leçon 17 / C'est quoi la foi en Christ
   Leçon 18 / Soixante-sept fois sept
   Leçon 19 / L'Église de Jésus
   Leçon 20 / Les conditions du Royaume
   Leçon 21 / Une nouvelle direction pour la vie
   Leçon 22 / Sommes-nous sincères ?

THÈME 4: VIVRE LA PAROLE
   Leçon 23 / La Bible: plus qu'un livre comme les autres
   Leçon 24 / Pratiquez la Parole de Dieu: soyez des pratiquants
   Leçon 25 / Pratiquez la Parole de Dieu: des imitateurs de Dieu
   Leçon 26 / Écartez-vous du mal: Haïssez-le !
   Leçon 27 / Écartez-vous du mal: le péché ne sera pas votre maître
   Leçon 28 / Demeurez dans la communion: ai-je besoin de faire partie d'une église locale ?

THÈME 5: C'EST LA SAGESSE — SELON LES NORMES DE DIEU
   Leçon 29 / La vraie sagesse
   Leçon 30 / Recherchez la sagesse
   Leçon 31 / Qui est sage ?
   Leçon 32 / Ma responsabilité envers les gens
   Leçon 33 / Vos désirs sont-ils bons ou mauvais ?
   Leçon 34 / Ce qui est agréable à Dieu
   Leçon 35 / Révérez Dieu

THÈME 6: LES PROBLÈMES DE FAMILLE
   Leçon 36 / Dieu établit la famille
   Leçon 37 / Quatre choses sont nécessaires dans le mariage
   Leçon 38 / Les pressions du monde
   Leçon 39 / Les enfants peuvent être des exemples
   Leçon 40 / L'Église et la famille

www.ingramcontent.com/pod-product-compliance
Lightning Source LLC
Chambersburg PA
CBHW080940040426
42444CB00015B/3389